Martha Krause-Lang

Nie mehr so schön wie Sulamith

Martha Krause-Lang

Nie mehr so schön wie Sulamith

Lust und Last des Älterwerdens

Herder Freiburg · Basel · Wien

Reihe *frauenforum*
herausgegeben von Karin Walter

Umschlagbild: Edvard Munch,
Junges Mädchen am Strand, Munch-museet, Oslo

Herstellung: Freiburger Graphische Betriebe 1987
ISBN 3-451-21126-2

Inhalt

„Optimistisch ist der,
welcher … die Zukunft
für sich in Anspruch nimmt."

Dietrich Bonhoeffer

Vorwort

Die geheime Hoffnung der Autorin dieses Buches richtet sich auf Leserinnen, die sich eigentlich noch gar nicht für „alt" halten – und damit auch bisher dem Irrtum fernblieben, kalendarisches, psychologisches oder versicherungsrechtliches Alter ließe sich auf einen Nenner bringen. Aber sie machen gewisse Beobachtungen an sich selbst. Oder sie lesen an bestimmten Reaktionen der Umwelt allmählich ab, daß jetzt für sie ein neuer Lebensabschnitt beginnt. Mit ihm sollten sie sich vielleicht auseinandersetzen. Und nun bekommen sie Angst.

Vielleicht nehmen es aber auch Altgewordene zur Hand, die bereits viel wissen vom Widerstand der Realität gegenüber geheimen Wünschen von Jungbleiben und Selbstbehauptung im Laufe von Jahren. Sie werden dann etwas erfahren über erlebte Generationsprobleme – in und außerhalb der Familie –, über die prägende Kraft des Berufsschicksals oder der Ehe im Erleben des Altwerdens, über Kompetenz und sich daraus eröffnende Möglichkeiten, über Einsamkeit und Freundschaft und über den Tod.

Sie können viele Vorbehalte heraushören, welche die Autorin gegen die veröffentlichte, publikumswirksame Meinung über *das* Alter sagt. Vielleicht empfinden sie sich mit ihr solidarisch, wenn sie sich gegen bestehende Praktiken einer „Altenbetreuung" wendet, die eine durch Jahrhunderte erlernte und vielfach auch geübte Unmündigkeit der Frau verewigt, indem sie von echter Teilhabe und Mitverantwortung in unserer Gesellschaft ausgeschlossen wird.

Das vorliegende Buch will weder eine beschauliche Lektüre für Abendstunden sein, noch eine Einführung in gerontologische Probleme unter dem besonderen Aspekt der älteren Frau bieten.

Es geht zwar aus von mancherlei Erfahrungen, die ich selbst im Verlauf der letzten eineinhalb Jahrzehnte gemacht habe. Aber ich kann nicht umhin, auch Ergebnisse der Sozialwissenschaften immer wieder heranzuziehen, schon um meine eigene Glaubwürdigkeit zu bewahren, da ich viele Jahre bis 1976 als Lehrende an einer Fachhochschule für Sozialwesen mit Familien- und Alterssoziologie befaßt war.

So mag sich dem Lesenden auch die lose Aneinanderreihung von Themen erklären, die für meine eigene Auseinandersetzung mit dem Alter Bedeutung bekamen. Wer von Lust und Last des Älterwerdens einer 75jährigen etwas erfahren will, die sich mit den immer wieder auftauchenden Fragen ihrer Generation seit dem Ausscheiden aus ihrem Beruf auch in vielen Gesprächskreisen bei anderen Frauen informiert hat, wird bei der einen oder anderen Kapitelüberschrift vielleicht so etwas wie Resonanz empfinden und weiterlesen. Aber die Themen sind weder in sich erschöpfend oder vollständig, noch bieten sie an irgendeiner Stelle eine kulturübergreifende Darstellung.

Das Buch richtet sich vornehmlich an Frauen – doch nicht nur an sie. Nachdem Frauen so lange schon Schritt zu halten versuchen mit männlichen Erwartungen und Ansprüchen für die Gestaltung dieser unserer Welt, will das Buch auch den männlichen Leser einmal einladen, teilzunehmen an dem sich ändernden Selbstverständnis der Frau, die „in die Jahre" gekommen ist. Dieser Veränderungsvorgang bei der Frau greift ja im Widerspiegel wie selbstverständlich auch nach ihm, dem Partner.

Hat die Lust am Alter gegenüber der Last zu sehr überhand genommen? War die Hoffnung zu dicht gesät gegenüber Enttäuschungen und Leiden? Die Stimme des Selbstmitleids ist, auch ohne Zutun der Autorin, oft genug zu hören. Am Leid der Welt trägt jeder Lebensabschnitt auf seine Weise mit.

Ich halte es in diesem Fall mit Dorothee Sölle, die zurechtrückt, wo nur mehr notorisches Gejammere sich breitmacht. Sie schreibt da einmal:

„Alle reden vom Unglück
ich mag nicht mehr ...
ach es tut weh um jeden
der nur das Unglück erklärt
wissenschaftlich
ach es tut weh um jede
die nichts lernt als das"

(aus: Spiel doch von Brot und Rosen. Gedichte. Fietkau, Berlin 1981, S. 87)

Juli 1987

Martha Krause-Lang

Der schönste Traum meines Lebens

Ich erinnere mich einer Kollegin, die richtig aufmüpfig wurde, als sie ihre geliebte Lehrtätigkeit aufgeben mußte bei Erreichung der sogenannten Altersgrenze. Über diese „Grenze" hat sie sich lautstark mokiert. Und nachdem sie sich mit vielen Informationen hinsichtlich der Höhe ihres zu erwartenden Einkommens, ihres Verbleibs in der bisherigen Wohnung und anderer konkreter Erwartungen versehen hatte, entschloß sie sich, ein Jahr lang zu verreisen, um die „Zwangspensionierung", wie sie sagte, erst einmal zu verdauen.

Bei mir war das seinerzeit zwar etwas anders. Die zuletzt ausgeübte Lehrtätigkeit hatte mir aus verschiedenen Gründen nicht mehr die gleiche Befriedigung wie in jüngeren Jahren gebracht. Ich hatte ernstliche Zweifel am Sinn meiner Arbeit als Dozentin an einer Hochschule bekommen, deren Wirkung für die praktische Arbeit noch nicht erwiesen war. Und es war wohl auch niemand in der Nähe, der solche Zweifel auf ein normales Maß an Selbstkritik zurückgeschraubt hätte. So war meine Erleichterung tatsächlich groß, als ich einen neuen Lebensspielraum vor mir sah: Noch mehrere Jahre im freigewählten Aufgabengebiet tätig zu sein und mich meiner neuen Freiheit zu erfreuen. Freilich war mir damals im Jahr 1976 noch nicht so klar wie heute, daß sich mein Leben später nochmals erstaunlich verändern würde. In meinem derzeitigen Wohnort, wo ich bald mit benachbarten Türken Bekanntschaft gemacht hatte, sagte die freundliche Mama dieser Familie sehr bald zu mir: „Immer wenn du Langeweile, dann zu mir kommen." Ich mußte insgeheim über diese Vorstellung lachen, denn von Langeweile war in all den Jahren seit meiner Emeritierung keine Spur.

Dennoch muß ich sofort betonen – schon um einer Heroisierung dieser Lebensphase im Urteil der Leserin (bzw. des Lesers) zuvorzukommen –, daß ich meinen neuen Zustand vor elf Jahren keineswegs realistisch eingeschätzt habe. Im Gegenteil: Ich war zunächst vor dem letzten Semester in einer geradezu euphorischen Stimmung. Es war wie seinerzeit nach dem Abitur: als ob die ganze Welt mir jetzt vor den Füßen läge und man sie in Besitz nehmen könne! Wenn ich auf diese ersten Jahre zurückschaue, so fällt mir auf, daß die explosiven Erwartungen von der neuen Freiheit durch Entlastung von der täglichen Arbeitsroutine geradezu kindlich waren. Keinen Wecker mehr zu brauchen, um rechtzeitig anzukommen, lange zu frühstücken, viel zu lesen, endlose Briefe zu schreiben, all das erwies sich sehr bald als Traum. Auch die hochgesteckten Ziele eines Weiterstudiums blieben auf der Strecke. Wie lange hatte ich mir gewünscht, nach der Verabschiedung aus dem Lehrdienst anfangen zu können, endlich einmal gründlich Philosophie zu studieren! Es blieb dann bei einem Gasthörersemester, dessen Sitzungen ich nur zu einem Teil besuchen konnte, weil andere verpflichtende Veranstaltungen mich fernhielten. Ähnlich erging es mir später mit der Erfüllung meines zweiten Herzenswunsches, dem Erlernen der spanischen Sprache. Zwei Jahre nahm ich die Chance der Volkshochschule wahr. Aber wir kamen mit unserem argentinischen Lehrer so langsam voran, daß meine Lust bald erlahmte, fade Sätze wie „usted pronuncia muy bien las palabras" zu wiederholen.

Solche Erwartungen also erwiesen sich als brüchig. Ich bin sehr bald zu der bisher üblichen Tageseinteilung zurückgekommen, wenn auch ohne den Gang ins Kolleg. Dennoch empfand ich von Anfang an meine Lebensweise auch im Alter als ein Privileg. Wenn ich den Übergang in den sogenannten Ruhestand ohne große Schwierigkeiten hinter mich gebracht habe, dann aufgrund persönlicher glücklicher Umstände. Ich weiß, daß es viele Menschen gibt, deren familiäre Situation oder materielle Schwierigkeiten bei deutlich geringerem Lebensunterhalt auch dazu führen können, daß man seufzend oder angstvoll dem neuen Lebensabschnitt entgegensieht, der einen zur „alten Frau" abstempelt. Und viele von ihnen mögen wenig Zeit in ihrem bisherigen Dasein gefunden haben, um Interessen außerhalb ihrer häuslichen Tätigkeit oder ihres Berufes zu pflegen, wie es mir in meiner Jugend vergönnt war. In einer total fremdbestimmten Arbeit wird die Mehrzahl meiner Geschlechtsgenossinnen so völlig vom Beruf in Anspruch genommen, er verzehrt ihre ganze Kraft und erfüllt gleichzeitig ihr Leben so wenig, daß sie aufatmen, wenn sie zum letzten Mal ins Büro, in die Fabrik, ins Geschäft gehen können.

Im Jahr 1976, als ich „aufhörte", gab es keineswegs den sogenannten vorgezogenen Ruhestand. Er bedeutet bekanntlich, daß Berufskräfte schon mit 58 Jahren ihren Arbeitsplatz verlassen können. Die Einführung einer flexiblen Altersgrenze nach unten ist inzwischen für Menschen, die ihren Beruf nicht weiter ausüben wollen, unter bestimmten Bedingungen Wirklichkeit geworden. Wenn man aber den vielen Befragungen um die verkürzte Lebensarbeitszeit Glauben schenken darf, dann ist zwar einem großen Teil der Arbeitnehmerinnen ein früheres Aussteigen aus ihrem Betrieb erwünscht, aber gleichzeitig fühlen sich manche offenbar auf ein totes Gleis geschoben. Sie wissen mit ihrer freigewordenen Zeit nichts Rechtes anzufangen.

Die durchschnittliche Lebenserwartung der Frau liegt heute bei 78 Jahren. Wie sinnvoll kann es für eine Gesellschaft sein, zu einem so frühen Zeitpunkt Arbeitnehmerinnen auszugliedern aus dem Erwerbsleben, die dann noch ein volles Viertel ihrer Lebenszeit vor sich haben? Und kann unsere Gesellschaft wirklich auf solche Frauen verzichten, die nicht nur für ihr eigenes Leben Sinn suchen, sondern auch für ihre Mitwelt einen Gewinn bedeuten können? Glückliches Land, dessen wirtschaftliche und soziale Verhältnisse jedem einzelnen erlauben, den Zeitpunkt der Arbeitsniederlegung selbst zu bestimmen! Uns hindern bisher daran starre Pensionierungsgrenzen und die Situation eines Arbeitsmarktes, der sogar viele jüngere Kräfte derzeit gegen ihren Willen freisetzt.

Freisein vom Leistungsdruck, welches Wohlgefühl! Keiner wird behaupten wollen, daß es etwas Schlechtes sei, Leistung zu erbringen. Aber wenn der Wert eines Menschen nur danach gemessen wird, wie produktiv er in den verschiedenen Rollen seines Lebens war, so ist mit diesem Maßstab der innerste Kern des Menschseins keineswegs getroffen.

In eine neue Rolle eintreten zu dürfen, erlebte ich als ein großes Abenteuer. Ich gehöre zu einer Generation, deren ganzes Leben von Erwartungen begleitet war, die ins Leben eingriffen und dort Spuren hinterlassen haben. Mit großer Erleichterung habe ich viele dieser Rollenerwartungen abwerfen können, die mich – bewußt oder unbewußt – oft aus dem Gleichgewicht gebracht hatten. Wie alle heute 70- bis 75jährigen Frauen in der Bundesrepublik habe ich die Kindheit im Schatten des Ersten Weltkrieges verbracht. Später dann blieb uns jungen Mädchen nicht viel Zeit vor dem Ausbruch des Nationalsozialismus. Dann brach der Zweite Weltkrieg aus. Die Männer dienten als Soldaten, die Frauen hielten daheim Haus und Werkstatt aufrecht. Dazu blieb ihnen in der Regel Erziehung und Versorgung ihrer Kinder allein überlassen. Anforderung über Anforderung, die bewältigt sein mußte, weil es ja ums Überleben ging. Vielleicht fing gerade in der Nachkriegszeit das Bewerten der Menschen allein nach ihrer Leistung an: Nach Beseitigung der schlimmsten Kriegsschäden kam ja das sogenannte Wirtschaftswunder auf uns zu, das uns instand setzte, Restdeutschland in kurzer Zeit wieder „nach oben" zu bringen, erfolgreich zu produzieren und abzusetzen, wie es einer Industriegesellschaft zukam. Gleichzeitig war zu beobachten, daß in vielen Arbeitsbereichen Frauen trotz aller Anstrengung gegenüber den männlichen Partnern zurückgesetzt wurden und trotz ihrer Leistung in den meisten Bereichen nicht so erfolgreich vorankamen wie ihre männlichen Kollegen. Hand in Hand mit dieser Entwicklung trat dann in der allgemeinen Geltung der ältere Mensch zurück. Die Jungen – jung in Erscheinung und Leistungsprofil – rückten nach vorn. Und plötzlich waren die Klischees vom verbrauchten alten Menschen zu hören, der „abbaut", der „gebrechlich" ist und „apathisch nur auf sein Ende wartet". Das heutige Vorurteil von der Rolle des zu betreuenden, weil nicht mehr leistungsfähigen alten Menschen hat sich hartnäckig bis in diese Tage im Bewußtsein der meisten Mitbürger erhalten. Daß die Entlastung vom sozialen Druck der produktiven Rolle im Alter so groß werden kann, hängt mit der ständigen Erfahrung dieses Vorurteils gegenüber dem alten Menschen zusammen.

Nun aber machte ich selber eine neue Erfahrung: es verschoben sich die Maßstäbe. Rücksicht auf Karriere, auf Beurteilungen durch obere Instanzen verloren an Gewicht. Dienstliche Abhängigkeit, die mich der Gunst oder Ungunst von Vorgesetzten aussetzten, die in unserer hierarchisch geordneten Welt das Übliche ausmachten, brauchten mich nicht mehr zu beunruhigen. Frauen, die ihrerseits eine leitende Position innegehabt haben, werden die ungeheure Erleichterung mitvollziehen können, die eine Ruheständlerin erfaßt, wenn sie später keine Entscheidungen mehr nach außen vertreten muß, die nicht immer mit der eigenen Meinung deckungsgleich sind, aber aus Gründen der Loyalität oder der Diskretion eingehalten werden müssen. Solche Rücksichtnahmen konnten jetzt entfallen. Ich brauchte keine Konkurrenz zu befürchten, auch keine mehr zu erleiden. Das „Nicht-leisten-Müssen" konnte zur neuen Tugend werden. Niemand forderte mich auf, die Rolle der starken Frau zu spielen, die unnachgiebig gegen sich selbst nur ihren Pflichten nachkommt. Heute kann ich es mir leisten, eine früher geäußerte Meinung zu ändern und dies auch nach außen kundzutun, ohne daß es Folgen haben muß. Mein Prestige wird nicht mehr dadurch beeinträchtigt. Keinerlei Nachteile können mich treffen, wenn ich an Einrichtungen Kritik übe, die mich und meine Altersgenossen negativ beeinflussen. Wovor also sollte ich Angst haben? Bernard Shaw, der kritische alte Engländer, soll einmal gesagt haben: „Alte Männer sind gefährlich, weil sie keine Zukunft vor sich haben." Das trifft die menschliche Erfahrung genau, sie gilt selbstverständlich nicht nur für Männer, sondern auch für Frauen! Das Urteil der Mitwelt wird im Alter nicht völlig bedeutungslos. Denn jeder bleibt, solange er lebt, abhängig von der Zuneigung und Freundschaft anderer Menschen. Aber das berufliche und politische Ansehen ist nicht mehr in gleichem Maß an kritikloses Wohlverhalten gekoppelt.

Trauer oder Freude anderen ganz unkonventionell mitzuteilen und damit ab und zu gegen den Strom der bürgerlichen Konvention zu schwimmen, selbst auf die Gefahr hin, damit aufzufallen: diese Chance gewährt erst das Altwerden. Wer sich an Bert Brechts schöne Geschichte von der „unwürdigen Greisin" erinnert, die im Alter von 72 Jahren erstmals aufzubrechen wagt aus lebenslangen Verbindlichkeiten und die auf solche Weise etwas spät Neues und Überraschendes erlebt, weiß, wovon ich rede. Diese „unwürdige Greisin" ist kein allgemeingültiges Vorbild, wohl aber ein Modell für mein Denken.

Persönlich habe ich eine Entdeckung gemacht: Ich habe jetzt endlich Gelegenheit für ein „Kontrastprogramm" meines Lebens. Damit meine ich, daß ich jetzt ungewöhnliche und abenteuerliche Dinge angehen kann, die mir ein nach festen Regeln verlaufendes Berufsleben nicht so leicht erlaubt hätten. Als ich vor dreieinhalb Jahren in ein anderes Bundesland umzog, in ein Dorf am Rand einer rheinischen Grenzstadt, wurde mir das Abenteuer klar. Meine „Alternativen", die junge Familie, gab den Ausschlag bei dieser Umsiedlung, als die Fahrten von meinem zu ihrem Wohnort immer häufiger und zeitraubender wurden und schließlich die Anwesenheit einer Großmutter für die wachsende Kinderschar erwünscht schien. Es wurde keine „Großmutter fürs Grobe" gebraucht, sondern jemand, der die Gestalt der Kleinfamilie wieder auf ein geräumigeres Maß bringen sollte, wie das früher der Brauch war. Es sollten mehr Möglichkeiten geschaffen werden, an dem Netzwerk persönlicher Beziehungen zu stricken, welches die meisten Kinder heute oft entbehren müssen. Eine neue Wohnung war zu bauen. Dafür mußte ein Teil der Scheune und ein Stall in dem eben gekauften Bauernhof der jungen Familie renoviert werden. Nur ein Teil der mitgebrachten Habe war dort unterzubringen, manche Stücke des städtischen Mobiliars paßten überhaupt nicht mehr. Die Nachbarschaft prüfte in angemessenem Abstand lange, ob die neue Bewohnerin an der Hauptstraße sich den traditionellen Vorschriften unterwerfen würde. Aber die gegenseitige Annäherung scheint – wie ich jetzt nach fast vier Jahren feststelle – langsam, aber bestimmt zustande zu kommen. Die wichtigsten Symptome dafür sind die gegenseitigen Einladungen zum Geburtstagskaffee, die Nutzung des fahrbaren Untersatzes, wenn man zum Gottesdienst in die Pfarrkirche fährt, die Teilnahme an Unterhaltungen beim Schützenfest, das Mittun bei Veranstaltungen der Gemeinde, die gelegentliche Anfrage zur Übernahme einer Aufgabe.

Daß die zugezogene Oma Auto fährt und sogar bereits einen Unfall baute, wurde in der Nachbarschaft mit einer Mischung von Respekt und Bedauern beachtet.

Größere Freiheit finde ich hier auch in einem einfacheren Lebenszuschnitt. Allzuviel Ballast hat sich im Laufe meines Lebens angesammelt, hervorgerufen durch bestimmte Zusammenhänge und Erwartungen von außen, denen ich Rücksicht zu schulden glaubte. Jetzt kann ich mir einen etwas anderen Lebensstil erlauben. Es ist etwas anderes, ob eine solche Beschränkung durch äußere Umstände (Währungsverfall, Rentenkürzung) aufgezwungen wird, oder ob ich sie freiwillig angehe in dem Bewußtsein, dadurch auch ungemeine Vorteile fürs Leben zu erlangen. Ich nenne so etwas „Marscherleichterung": weniger Gepäck auf dem Weg in die Zukunft. Es kann beispielsweise pure Kraftvergeudung sein, einen Haushalt weiterzuführen, der in der Ehephase mit mehreren Kindern, deren Freunden und den eigenen Kollegen sinnvoll war. Eine große Wohnung als Witwe allein zu bewirtschaften ist eine außerordentliche Erschwerung der alten

Tage. Das Gleiche können einem unbenützte Gegenstände bescheren, von denen wir uns oft nicht mehr trennen zu können glauben. Jetzt steht man bei einem Umzug vor dem Problem, das allzu Gewohnte zu durchbrechen. Man muß Überlegungen für die nächste Lebensphase anstellen in einer neuen Wohnung und unter anderen Menschen. Das fordert Abschiednehmen vom gewohnten Denken. Aber solches Vorgehen befreit auch von den Sorgen, ein kompliziertes Testament machen zu müssen. Angesichts der verringerten Aussicht, nachbarliche oder familiale Hilfe für die Instandhaltung einer Wohnung in der Großstadt zu bekommen, ist der Abschied von mehr Räumen und dem entsprechenden Mobiliar oft eine sehr praktische Entscheidung. Wer sie treffen muß, staunt im nachhinein meist, mit wieviel Überflüssigem er bisher sein Leben zugepflastert hat.

Ich weiß, daß solche Vorschläge in den Ohren mancher Menschen barbarisch klingen. Aber auch ich habe im Laufe meines Lebens jeden Umzug, jeden Abschied von liebgewordenen Gegenständen nicht so schnell vollzogen, wie dies jetzt im nachhinein erscheinen mag. Erinnerungen, Spuren gelebten Lebens hängen auch an Dingen, die wir zurücklassen. Jeder Verlust, der uns auferlegt wird, ist ja eine Prozedur des Abschiednehmens und stimmt uns traurig. Aber wenn ich mich freiwillig von liebgewordenen Objekten aus meinem Leben trenne, weil ich mir damit mein Alter erleichtern kann, so entdecke ich darin eine Chance. Nicht nur das Haben und Halten, auch das Loslassen will gelernt sein, wenn etwas Neues beginnen soll. Das „Haben“ erfährt jedes Kind als notwendigen Lernvorgang. Das „Lassen" muß sich der Mensch mühsam im Lauf seines Lebens aneignen.

Ich habe tatsächlich nicht ein Mehr an Freizeit gewonnen gegenüber meinem früheren Leben, weil ja an die Stelle des Berufs neue Aufgaben in der Familie und ein wenig auch in der Fortführung einiger Ehrenämter getreten sind. Der Unterschied liegt in dem Bewußtsein, in freier Wahl handeln und entscheiden zu können und ohne große Ängste manches wieder aus der Hand zu legen, das heißt ein eindeutiges Nein zu sagen, wenn ich glaube, daß Aufgaben von außen meinem gegenwärtigen Leben nicht mehr zuträglich sind.

Es gibt einen Traum, den ich in den letzten drei Jahren öfters geträumt habe und den ich hier erzählen möchte: Ich liege in einer Schachtel, deren Deckel aufgeht, und plötzlich kann ich ohne fremde Hilfe aus dieser Schachtel in die Luft aufsteigen. Ich kann fliegen, ich schwebe mit weit ausgebreiteten Armen zunächst über Bäume, ohne mir weh zu tun, ich schwebe über Häuser, ohne an sie anzustoßen. Ich bewege mich frei und luftig und freudig im All. Es ist ein herrliches Gefühl!

Es ist der schönste Traum meines ganzen Lebens.

Lebendig

Lebendig ist wer wach bleibt
sich den andern schenkt
das Bessere hingibt
niemals rechnet.
Lebendig ist wer das Leben liebt
seine Begräbnisse seine Feste
wer Märchen und Mythen
auf den ödesten Bergen findet.
Lebendig ist wer das Licht erwartet
in den Tagen des schwarzen Sturms
wer die stillen Lieder
ohne Geschrei und Schüsse wählt
sich zum Herbst hinwendet
und nicht aufhört zu lieben.

Verfasser unbekannt

Nie mehr so schön wie Sulamith …

Wenn ich so in meinen Spiegel schaue: Nein, wie Sulamith werde ich kaum mehr in meinem Leben ausschauen! Aber wie glühend hatte ich mir das in meinen Kinderjahren gewünscht! Von Sulamith, der Braut im Hohen Lied, erfuhr ich schon, ehe ich überhaupt lesen konnte. So wie alle Kinder, die im Passionsdorf Oberammergau aufgewachsen sind, „kannte" ich die einzigartige Schönheit dieser Frauengestalt. Sie war mir vertraut wie all die andern frommen Figuren des Alten und Neuen Testaments, die da seit mehr als 350 Jahren auf der großen Bühne Leben gewannen.

O, wie wunderbar war diese Braut in einem „Lebenden Bild" der Oberammergauer Passion doch dargestellt für das kleine Mädchen, das als „Kind aus dem Volke" andächtig aus der Kulisse spähend, tief beeindruckt war von dem edlen Profil, dem weißen Kleid, den Perlen auf Haar und Gewand! Auf einer Sänfte ruhte diese Bemitleidenswerte, die da sehnsuchtsvoll zu dem Solo „Ach komme doch, sieh diese Tränen fließen" dem Bräutigam entgegenseufzte! Was für ein wunderbar ebenmäßiges Gesicht diese Braut hatte! Und ich – ach, ich hatte eine kleine Stupsnase und rote gesunde Backen, denn die schöne Blässe blieb mir immer fremd! Ich mochte mein Gesicht lange nicht und litt in der Jungmädchenzeit schwer unter diesen und andern Mängeln meiner Körperlichkeit, die mir damals immer mehr schmerzlich bewußt wurden. Dazu war ich nämlich auch noch pummelig. „Wargela" nannten mich die Brüder spöttisch, was im oberbayrischen Dialekt immerhin noch an den hochdeutschen „Nudelwalker" erinnerte. Rundlich-rundlich nach allen Seiten. Besonders aufgeschwemmt in den jugendlichen Jahren einer klösterlichen Pensionatszeit: so war ich für mich selbst lange Jahre eine Gestalt, an der nichts Anziehendes war. Ich bemitleidete und kasteite mich eine Zeitlang, aber nichts half! Zu einer Idealfigur fand ich nicht hin. Was mein großes Mädchenunglück damals voll machte, war der Vergleich mit meiner um fünf Jahre älteren Schwester. Ebenmäßigen ovalen Gesichts, von schlankem Wuchs, war sie Gegenstand des Neids ihrer kleinen Schwester. Denn mit Schönheit und Gestalt hingen ja, wie ich seinerzeit beobachten konnte, auch Bewunderung und Verehrung der Mitschüler und Kommilitonen eines älteren Bruders zusammen. Da fiel ich immer durch! Die „Kleine" konnte mit mädchenhaftem Liebreiz nicht aufwarten. Sie litt, litt unter Nichtbeachtung durch die Jungen! Das waren die härtesten Erfahrungen meines Tanzstundenwinters in der Oberschule.

Ich weiß nicht mehr genau, wann dieser leib-haftige Kummer bei mir aufhörte. Jedenfalls spielte er im Bewußtsein der erwachsenen Frau keine große Rolle mehr. Die Gewichtszunahme hat sich von selbst normalisiert. Veränderungen in der Menopause bemerkte ich so gut wie gar nicht. Bis dann das Schönheitstrauma meiner Kindheit erneut aufbrach, als ich in fortgeschrittenen Jahren plötzlich auf der Haut ärgerliche Pigmentflecke entdeckte. Hier half keine Kosmetik, keine noch so gesunde Lebensweise. Die braunen Stellen im Gesicht, vor allem auf der Stirn, aber dann vermehrt an den Händen, erschreckten mich. Und als gar mein erstes Enkelkind, noch kaum der Sprache mächtig, auf meinen Handrücken deutete und dazu meinte „Oma, schmutzig!", da war ich sekundenlang außer Fassung. Sah das wirklich so abscheulich nach Vernachlässigung aus? Dann konnte ja die Großmutter ihrerseits auch nicht mehr auf die sauberen Finger der Enkelin Wert legen, wenn sie selbst ...

Und noch mehr verstärkte sich die körperliche Abwehr der Enkel beim Gutenachtkuß, den ich anfangs öfter stellvertretend gab: „Oma, du bist stachelig", hieß es da völlig ungeschminkt. Und damit wird meine Zärtlichkeit in die Schranken gewiesen.

Im Grunde war mir ja die Erkenntnis durchaus geläufig, daß „Älterwerden" mit körperlichen Einbußen mannigfacher Art Hand in Hand gehen kann, selbst wenn man für die Erhaltung seiner Gesundheit immer etwas übrig hatte. Ich war nie so vermessen gewesen zu denken, ich könnte es je mit dem hundertjährigen Bulgaren mit seinen blitzenden Zähnen auf der Knoblauch-Pillen-Reklame aufnehmen! Dennoch wurmt es mich zunächst, daß ich in so augenfälliger Weise an mein Alter erinnert werde. Schließlich häufen sich die entsprechenden Fakten: Ich trage seit 20 Jahren eine Brille, aber immer häufiger benötige ich eine optische Verstärkung. Ich treibe nur mehr im ärztlich verordneten Rheumabad – wegen der Thermalwärme – meinen „Schwimmsport". Ich werde häufig von nächtlichen Wadenkrämpfen befallen, wogegen es noch keine natürlichen Heilmittel zu geben scheint. (Und am Morgen darnach sehe ich beim 1. Blick in den Spiegel ein zerfurchteres Gesicht als sonst vor mir.) Ich söhne mich aus mit Nagelbruch und gehe – periodisch! – meinem Haarausfall zu Leibe, damit ich nicht nur mir selbst, sondern auch andern nicht zur ästhetischen Belastung werde ...

Nein, ich werde nie mehr so schön sein wie Sulamith! Das weiß ich jetzt bestimmt, trotz Lil Dagover! Aber ich tröste mich selbst mit mancherlei Argumenten. Etwa, daß die wunderbaren Weibsgesichter, die ich in den Magazinen meines Friseurs bestaunen darf, nur mit einem hohen Aufwand an Zeit und Geld („Schönheitsfarm"?) zu erzielen sind – wenn überhaupt ... Beides aber will ich lieber wo anders verschwenden. So bin ich nun einmal. Deshalb unglücklich sein? Nein, da ist mir mein Leben zu schade! Und ich muß wieder einmal über mich selbst lachen. Mich auslachen.

Weißes Haar

Samenflaum
werf ich dir
Wind
an die Lippen

Blas den
Löwenzahnzauber
in alle Winde

Mir bleibt nur
ein weißer Faden
im Haar

Rose Ausländer

Generationen unter einem Dach?

Seit ich an den Wohnort meines Sohnes und seiner Familie gezogen bin, haben sich Fragen des Miteinanders von Alt und Jung konkretisiert, an die ich früher nicht gedacht hatte. Wie in einem Vergrößerungsglas werden Generationsprobleme sichtbar, die einem in der Praxis mehr abverlangen, als wenn sie im abstrakten Raum theoretisch behandelt werden.

Es gilt heute als ausgemacht, daß die Generationskonflikte, vor allem die zwischen Eltern und ihren Kindern, härter geworden seien als je zuvor. Es träfe die Beteiligten, die noch im Familienverband miteinander lebten, ganz besonders schwer. Viele Ursachen, psychologische und soziologische, werden im Zusammenhang damit angeführt. Immer wieder kommen verheiratete Angehörige meiner Generation mit Kindern auf die These zurück, daß es sich dabei um das uralte Problem der Macht handle, um das gerungen werde. Viele meiner Freunde widersprechen dem. Sie sehen „Macht" als etwas Böses an und wehren sehr rasch ab. Nein, Macht sei bei ihnen nicht im Spiel! Sondern Liebe und Sorge, Verantwortung vor Gott und den Menschen.

Dabei scheint der Satz, daß Generationskonflikte vielfach auf das von beiden Seiten geäußerte Streben nach oder Behalten von „Macht" zurückgehe, zunächst einiges für sich zu haben. Die Jungen wollen aufsteigen, die Alten hindern das, weil sie ihre Position (Arbeit, Einkommen, erzieherische Autorität) verteidigen, solange es geht. Junge Menschen hingegen wollen sich von den Vorstellungen ihrer Eltern freimachen, um ihrer Selbstfindung willen. Eltern verlangen aber von ihnen Unterordnung. Wenn diese schon nicht mehr physisch praktizierbar sei, weil Kinder heute früh aus dem Elternhaus weggehen, dann sollten diese Kinder wenigstens die Wertvorstellung ihrer Eltern akzeptieren und in ihrem eigenen Leben anwenden.

Viele Eltern haben mit ihren Kindern, die heute selbst schon wieder Erwachsene sind, leidvolle Erfahrungen gemacht. Die Kinder haben sich – scheinbar teilnahmslos oder aber nach völligem Bruch mit dem Elternhaus – von ihnen losgesagt, als die Eltern ihre Autorität ins Spiel bringen wollten. Über die Gründe solcher Auseinandersetzungen in Familien wurde zu jeder Zeit viel geredet. Sie sind auch nicht eigentlich Gegenstand meines jetzigen Nachdenkens. Denn die Kinder meiner Freunde und Bekannten, die Nachkommen der Frauen aus den mir vertrauten alten Runden, sind inzwischen selbst Erwachsene. Sie leben als Eltern manche Generationsprobleme von neuem, und manche sind in der Tat schärfer geworden als vor 30 Jahren. Macht – Besitz – Sexualität – sind die großen Themen der Menschheitsgeschichte geblieben, um die es auch bei Konflikten der Generationen im wesentlichen geht. Heute (und künftig) müßte meiner Meinung nach als existentielles Thema an vierter Stelle die Arbeit genannt werden, weil das Recht auf Arbeit, lange Zeit kaum bestritten, in aufregender

Weise einen neuen Stellenwert in der Gesellschaft bekam. Computer haben die technischen Möglichkeiten der Produktion und der Organisation von Diensten erweitert, gleichzeitig das Recht auf Arbeit für alle eingeschränkt und dadurch Freisetzung vieler Arbeitskräfte bewirkt. Die früher sittlich so hoch bewertete menschliche Arbeit hat Sekundärtugenden wie Fleiß, Pünktlichkeit, Strebsamkeit und Präzision erwachsen lassen. Aber viele dieser Tugenden verlieren längst an Glanz für die Jungen. Jugend als Vorbereitung auf die eigentliche Arbeitszeit im menschlichen Leben wird immer bedeutungsloser. Für viele lohnt das alles nicht mehr. So sehen es jedenfalls heutige Jugendliche.

Trotzdem verlassen Kinder ihr Elternhaus oder wandern von Schule zu Schule, um die Wartezeit vor dem Tag X auszufüllen. Obwohl sie keineswegs schon auf eigenen Füßen stehen können, suchen sie sich eine eigene Wohnung. Sie leben oft zusammen mit Partnern, ohne eine Ehe eingehen zu wollen. Mit einer Eheschließung wäre ja für sie die öffentliche Erklärung verbunden, daß Mann und Frau in gegenseitiger Verantwortung eine dauerhafte Verbindung bis zum Tod eingehen wollten, die auch vermögensrechtliche Konsequenzen und andere Folgen juristischer Art in sich schließt. Dieses kritische Muster jugendlicher Emanzipation aus der elterlichen Verantwortung, oft schon mehrere Jahre vor der Erreichung der Mündigkeitsgrenze, bedeutete für viele Eltern ein schmerzliches Eingeständnis von Ohnmacht, von Versagen, von einem anscheinend unabänderlichen und endgültigen Schluß jeglichen Einflusses auf ihre Kinder.

Schmerzlich mag auch die Erfahrung von Eltern

sein, daß Kinder vom Besitz nicht mehr so viel halten wie früher. Dennoch war über Jahrhunderte hinaus Besitz in seinen vielfältigen Formen eine allgemein akzeptierte Voraussetzung familialen Daseins. Zum Kummer vieler Eltern übernimmt der Sohn aber heute weder den Hof noch die Werkstatt, noch die freie Praxis seines Vaters, der zusammen mit seiner Frau einen solchen Betrieb ermöglichte „um der Kinder willen". Die Mutter sieht nicht selten mit Enttäuschung, daß keines ihrer Kinder das Elternhaus besitzen will, weil es die Mobilität hindert und auch sonstige Sorgen mit sich bringt.

Auch die Annahme, daß Wissen mit Macht verbunden sei, ist im Schwinden. Die neue Generation mißt auch dem Wissen keine allzugroße Bedeutung mehr bei, denn lebenslanges Lernen wird zu einer Bürde für alt und jung, solange die Gesellschaft nur auf die Verwertung des Wissens für produktive Leistungen abhebt. Wissen aber muß angesichts der revolutionierenden Änderungen, die von Jahr zu Jahr auf allen Gebieten der Forschung bekannt werden, immer rascher erneuert werden. Wieso soll da das Wissen einer alternden Mutter noch imponieren?

Von solchen und ähnlichen Familienproblemen, die zu Konflikten wurden, hörte ich im Laufe der letzten Jahrzehnte immer wieder. Erstaunlich für mich, daß solche Eingeständnisse auch aus dem Munde von Frauen kamen, denen dies ganz offensichtlich auch deshalb schwerfiel, weil solche Dinge nach ihrem bisherigen Verständnis nur in den Familien anderer Leute vorkamen. Nun war die eigene betroffen: der Sohn aus der Kirche ausgetreten, die Tochter bekam ein Kind, die Ehe der anderen wurde geschieden. Und das Urteil über fremde Familien wurde kleinlauter. – Auch eigene Generationskonflikte fördern manchmal die Solidarität unter Frauen. Natürlich wissen die Mütter heutzutage, zumindest mit dem Kopf, daß spätestens mit der Verheiratung Fürsorge und Verantwortung für ihre Kinder aufhören. In der Regel sind die Partner schon vor der Verheiratung berufstätig, und zwar bis vor kurzer Zeit oft sogar in sehr gut bezahlten Positionen, die den Verdienst ihrer Väter in jungen Jahren um ein Mehrfaches übertrafen. So übernahm etwa das junge Paar oft ganz selbstverständlich in eigener Verantwortung auch die Ausrichtung der Hochzeit, lud sich seine Gäste ein, verschickte die Anzeigen. Die Braut befand allein über die Art ihrer Kleidung am Hochzeitstag ebenso wie über ihre Ausstattung. Wo blieb da die mütterliche Sorge für diese wichtigen Angelegenheiten? (Immer wenn ich in einem Volkskundemuseum den alpenländischen Kammerwagen, vollgepackt mit Wäsche und Kram aller Art für die Braut, sehe, kommen mir die Vorstellungen von solider und von der Familie besorgter Aussteuer aus meinen Jugendtagen wieder in den Sinn. Wie vieles scheint im Verlauf nur weniger Jahrzehnte museal geworden!)

Auch das Mitbestimmungsrecht der Eltern über die Gattenwahl oder die Kinderzahl ging bei den erwachsenen Kindern zu Ende. Der Respekt vor Söhnen und Töchtern als erwachsenen Mit-Menschen muß mit all seinen Konsequenzen beachtet werden. Die Sorge um den Verlust der Selbständigkeit durch ein Zuviel an angebotener Hilfe, seien es Geldmittel oder andere materiellen Zuwendungen, ist oft schon zu Beginn einer Ehe das Signal, daß Eltern ihre Generationsschranken zu überschreiten drohen. Das gilt nun ganz besonders für besorgte Mütter – von der Schwierigkeit, eine Schwiegermutter auf Distanz bei gleichzeitiger Nähe zu sein, noch gar nicht zu reden! Mütter hielten sich im eigenen Haushalt jahrelang für allein zuständig. Wenn sie nun plötzlich ihre Rezepte für eine geordnete, nach lebenslang geübten Praktiken geführte Haushaltpraxis abgelehnt finden und vorsichtige Kritik, oder mindestens einen Vorschlag nicht mehr anbringen können, sind sie enttäuscht. So eine Mutter wird sehr bald an der Reaktion ihrer verheirateten Kinder merken, daß sie damit deren Beziehung – und auch die zwischen den Generationen selbst – eher belastet als stützt. Entweder wird ein neuralgischer Punkt berührt, der verletzbare andere Wertvorstellungen der Jungen betrifft, dann schweigen diese. Oder die Mutter wird herzlich ausgelacht – denn was die Ältere anzubieten hat, scheint den Kindern überholt. Im schlimmsten Fall ist der Ärger wegen unerwünschter Einflußnahme auf den Eigenbereich erwachsener Kinder die Folge. Es kommt zu regelmäßigen Auseinandersetzungen, wenn solche mütterliche Kritik chronisch wird. Auf der anderen Seite können bei Müttern Depressionen durch solche Reaktionen ausgelöst werden. Solche Stimmungen bei manchen Nadelstichen, welche die Mutter erwachsener Kinder zu empfangen meint, verfliegen leichter, wenn sie die Situation realistisch anschauen gelernt hat. Depression sei „die ohnmächtige Wut über sich selbst, die keinen anderen Ausdruck findet", las ich irgendwo.

Im allgemeinen ist es ja keineswegs so, daß die heutigen Familienmitglieder überhaupt nichts voneinander wissen wollen. In Krisenzeiten scheint immer noch das Einstehen füreinander eine Realität zu sein. Das kann bis zur Bereitschaft der jungen Familie gehen, die Pflege einer erkrankten Mutter oder der alternden Großmutter mitzutragen.

Es gibt sogar das Zusammenwohnen unter einem Dach, wenngleich es nur 250 000 Haushalte dieser Art sind, wo mehrere Generationen zusammenleben. Ich habe mir seinerzeit das Angebot meiner Kinder gut überlegt und mir viele Fragen gestellt, ob ich ihnen und mir tatsächlich damit den Dienst erweise, den sie sich vorstellten. Zunächst: Ich wollte eine eigene, abgeschlossene Wohnung und nicht integriert sein in einen Familienhaushalt. Dies um so mehr, als sich unser gemeinsam zu bewohnendes altes Bauernhaus in seinem Hauptteil als erneuerungs- und umbaubedürftig erwies und ich mir ein Dauerprovisorium nicht zumuten wollte. Damit ergab sich die Notwendigkeit, einen Scheunenteil und die Stallungen auszubauen. Dies hatte den Nebeneffekt, daß besonders viele praktische Einfälle Anwendung finden mußten, die dem Bauherrn und seiner Frau, aber auch dem Architekten dann tatsächlich gut gelungen sind.

Ich habe mir viel Platz zum Aufbewahren von Büchern gewünscht, die ich umsiedeln mußte (damals hoffte ich noch, sie in absehbarer Zeit sortieren und verteilen zu können ...). Oh Wunder: auch die Bücherunterbringung ließ sich durch einen Zufall bewerkstelligen, weil die Eichenbalken der Scheune nur umbaut, aber nicht entfernt werden durften. Ich wünschte mir eine Toilette mit Waschbecken zur ebenen Erde, weil ich mich vorsehen wollte für Zeiten, wo mir das Begehen meiner schönen Holzstiege nicht mehr möglich wäre. Nun habe ich eine Wohnung auf 3 Ebenen bekommen mit allen notwendigen Räumen und sogar einer Kammer. Ich wohne besser als die Jungen, denn ich muß keine steile Bauernwendeltreppe erklimmen, um überhaupt in die Wohnräume zu gelangen. Ich habe zu ebener Erde eine Terrasse mit weitem Ausblick unmittelbar vor der Tür. Ich bin also leicht zu erreichen, und die Familie und ich können uns sozusagen über den Hof durch Zuruf verständigen. Das Zusammenleben erstreckt sich übrigens noch auf eine zweite Familie, die den Rest der umgebauten Scheune und einen Teil des alten Bauernhauses bewohnt. Ich bin rundherum glücklich mit der baulichen Lösung. Sie erleichtert mir das gelegentliche Zusammensein mit den Jungen und schafft den nötigen Abstand, damit wir uns nicht gegenseitig lästig fallen müssen.

Was Eltern von vier kleinen Kindern an täglichen Verpflichtungen neben den Routineobliegenheiten auf sich nehmen, ist schon beachtlich! Es beginnt mit dem Transport in den Kindergarten, zu Bastel-, Schwimm- oder Gymnastikstunden. Daneben gibt es Kinderfeste im Garten für die ganze Nachbarschaft, Geburtstagsfeiern im Haus; Schulpflegschaft und Kindergartenbeirat sind ebenfalls fällig. Die selbstverständliche Geduld, mit der diese Aufgaben im Interesse der Kinder wahrgenommen werden, erfüllt mich mit ehrlicher Bewunderung. Und wenn der Vater dazu abends sich stundenlang nur mit seinen Kindern beschäftigt und am Wochenende neben seinem Beruf Zeit findet für viele „do-it-your-self-Aktivitäten" in Haus und Werkstatt, so vergleiche ich das manchmal mit meiner Kinderzeit. Fast alle kinderreichen Familien in unserem Dorf hatten mindestens eine Hilfskraft. Ich denke auch an meinen verstorbenen Mann zurück, der zu solch umfassenden Familienaufgaben nie erzogen wurde, und ich frage mich, wie lange wir als Eheleute wohl gebraucht hätten, um unsere Rollen so austauschbar bzw. so fließend zu gestalten, wie ich das bei jungen Eltern heute erleben kann. Die Frage ist freilich insofern müßig, als der Krieg unserem Zusammenleben ein jähes Ende bereitete. Von den jungen Familien im Haus lerne ich übrigens eine ganze Menge. Die Art, wie überlegt sie mit alltäglichen Dingen (Wasserverbrauch, Müllsortierung, Glasbeseitigung und Zeitungsrecycling umgehen, ist sogar für mich noch ansteckend). Ebenso imponiert mir, wie sie sich bemühen, die Gartenkultivierung unter ökologischen Gesichtspunkten durchzuführen. Oder wie sich die jüngeren Männer gegenseitig mit Werkzeug oder aktiver Bauhilfe unterstützen, und die Frauen die Kinder der anderen, wenn es nötig wird, für eine Weile versorgen. „Alternativ leben" – so nennt man das wohl heutzutage. Es sind junge Familien, die zwar keine Kühe mehr auf ihrem Hof haben, die aber dennoch ihren Kindern ein ländliches Leben und einen einfachen Lebensstil mit all seinen Vorteilen schenken.

Ich kann ihnen nicht in allen Anschauungen folgen, meine Lebensbescheidenheit ist nicht so groß wie die ihre, ich muß es eingestehen. Ich melde meine Bedürfnisse an, wenn die Kälte in die Wohnung kriecht und ich einen größeren Wärmebedarf entwickle als sie. Ich bestehe auf meiner Mittagsruhe und hänge, da die kleinen Kinder ja noch nicht lesen können, einfach eine alte Schiefertafel vor meine Haustür, die besagt: „keine Sprech- und Spielstunde in der Mittagszeit". Und wir haben zwischen Vorderhaus und meiner Wohnung gelegentlich eine Abstimmung bezüglich unseres Veranstaltungskalenders zu machen, weil es überschneidende Wünsche bezüglich der Präsenz geben kann. (Und manchmal gesteht die Großmutter ein, daß sie viel mehr „aushäusig" ist als die Jungen!) Wir brauchen keine formellen Planungsrunden. Aber wir führen abends manchmal Gespräche über Gott und die Welt, übereinstimmende und manchmal auch kontroverse. Die Jungen haben sich große Mühe gegeben mit mir und meinen Eigenheiten, und auch ich habe das erste Jahr sozusagen „zur Probe" mitgemacht. Heute glaube ich, daß Theorie und Praxis sich langsam einander annähern. Ich wünsche mir immer noch, daß das Wohnen und Leben eines Tages leichter für die junge Familie werden möge. Aber solche frommen Wünsche entspringen *meinen* Vorstellungen und nicht den ihren! So habe ich mir angewöhnt, sie nur mehr insgeheim zu hegen. Wir wissen alle, Alte und Junge in der Familie, daß es noch soziale Kontakte außerhalb unseres engen Familienverbunds gibt und viele Aufgaben weltweit, die wir wahrnehmen, so weit wir können. Vielleicht ist auch dies eine Hilfe, sich die wechselseitige Eigenständigkeit zuzugestehen.

So oder so

Schön
geduldig
miteinander
langsam alt
und verrückt werden

andrerseits

allein
geht es natürlich
viel schneller

Karin Kiwus

Das Glück der Gärtnerin

Es ist noch nicht allzulange her, daß bei vielen Diskussionen über Altersfragen das Schlagwort zur Lösung von mancherlei Problemen hieß: Hobby-Pflege! Auch in den frühen Jahren, als sich die Sozialarbeit bei uns stark an den USA zu orientieren begann, wurde solche Hobbypflege fürs Alter, für das „Golden Age" also, empfohlen. Hobby – das hieße übersetzt: ein Steckenpferd! Ein kindliches Spielzeug also, nicht ernst zu nehmen. Viele Betroffene von Rang und Namen, Walter Dirks etwa, haben schon in ihren jüngeren Altersjahren Zweifel angemeldet, ob ein solchermaßen als Universalmittel angepriesenes Spielzeug wirklich *der* Beitrag zur Bewältigung von Altersproblemen sein könne. (Die intensive Beschäftigung mit Musik, die er heute als hochbetagter Mann noch pflegt, würde er wahrscheinlich kaum als „Hobbypflege" bezeichnen.) Mit schwerem Geschütz fuhren dann die Freizeitsoziologen auf, als sie verkündeten, daß solche späten Beschäftigungen überhaupt nur dann „harte" Interessen seien (= die noch im Alter vorhalten), wenn von früher Jugend an Menschen die Möglichkeit gehabt hätten, solchen Dingen außerhalb ihrer Lebensarbeit nachzugehen. Das aber träfe gerade für den durchschnittlichen Arbeitnehmer nicht zu.

Ich will mich nicht in eine Diskussion darüber begeben, ob das, was ich mir seit einigen Jahren zugelegt habe, „ein Hobby" oder eine „Nebenaufgabe" oder ein „Interesse" ist. Das Werkeln im Garten, von mir wieder aufgenommen nach etwa 55 Jahren städtischen Daseins – kurz unterbrochen durch Haus- und Gartenbesitz in Nordböhmen –, macht mir jedenfalls große Freude und ist gut für Abenteuer im Alter.

Eigentlich ist es stark übertrieben, wenn ich von mir als einer Gärtnerin rede – wenn auch nur in einem gleichsam poetisch verklärten Sinn. Eine Gärtnerin hat, davon ist schließlich das Wort abgeleitet, mit einem Garten zu tun. Ich aber nenne nur einige Beete auf unserem Grundstück mein eigen, das die Mitbewohner unseres alten Hauses und eine türkische Nachbarin gemeinsam bearbeiten. „Klein – aber mein" lautet meine Devise. Und während die Großgärtnerin Bärbel, meine Schwiegertochter, vom frühesten Frühjahr bis zum Herbst einen reichen Gemüsebestand sowie Brom- und Himbeeren und eine Erdbeerkultur hegt und pflegt, bin ich sozusagen nur kompensatorisch tätig. Ich kümmere mich nicht um Rote Beete, Kartoffeln, Weißkraut und Broccoli, jenes solide, feste, bis in den Spätherbst hinein zu erntende nahrhafte Gemüse. Dies ist sowieso nur zum Verzehr der Familie bestimmt. Auch bewundere ich, wenn auch neidlos, unsere Nachbarin, die alljährlich ein Riesenbeet voll Knoblauch anlegt und erntet, sozusagen in Monokultur. Ich bin mehr für die Blumen zuständig – und damit für das Unnütze, aber auch das Schöne. Es sind mehr die farbigen, abwechslungsreichen, meist auch kurzlebigen, Augenfreude bereitenden, Düfte verströmenden Gewächse unseres Gartens, die ich pflege.

Soll ich beschreiben, wie unser gutes Grundstück aussieht? Direkt vor meiner Wohnzimmertür schon breitet sich unsere Wiese aus. Das kleine Tälchen der Inde dahinter und die gegenüber liegenden Hügelchen stehen unter Landschaftsschutz und dürfen glücklicherweise nicht bebaut werden. Wenn ich vor die Tür auf die Terrasse trete, beginnt zur Linken in etwa einer Länge von 30 Metern mein Hauptrevier. Es setzt sich zwar im Unterteil des Gartens noch fort, aber dort handelt es sich mehr um eine „gepflegte Wildnis", ähnlich impressionistischen Bildern mit hinreißenden Sommerblumenfarben. „Japanischer Blumenteppich" nennt mein Gartenbuch dieses Kunterbunt. Im obern Teil ist die Wiese eingefaßt von ein paar Fliederbüschen, Forsythien und dem unvermeidlichen ländlichen Hollunder. Die leuchtenden, schwefelgelben Forsythien sind die ersten großen Farbflecke im Garten zu Frühlingsbeginn, der Flieder blüht dann um Pfingsten herum, der Hollunder – alter Traumbaum unserer Kindermärchen – duftet weiß mit großen Dolden und verlockt mich wie einst in Bayern, „Hollerküacheln" in heißem Schmalz zu backen. Und darunter, ziemlich regellos, wenn auch meist in Gruppen, gibt es gelbe und rote Tulpen, weiße Narzissen, Osterglocken, später im Jahr die Schwertlilien und Pfingstrosen. Die Iris sind dauerhaft, jedes Jahr vermehren sich ihre Wurzeln und strecken sich ein wenig weiter in den Rasen hinein. Der Zaun, der diesen Teil des Gartens nach Süden zum großen Kuhstall des Nachbarn hin begrenzt, ist ein häßliches, altes, oft geflicktes Stacheldraht-Ding, das ein ganz närrischer Gartenfreund aus unserm Haus vor Jahren mit mehrjährigen Pflanzen besetzt hatte. Davon sind wenigstens Girlanden von Wicken übriggeblieben, die in allen Schattierungen von Weiß, Rosa bis zu Blutrot hinaufklettern und gnädig das verrostete Gitter verhüllen. Am Ende dieses Beetes steht, etwas exotisch, unersättlich im Aufnehmen von Wasser, ein nicht mehr ganz prächtiger Rhododendronbusch. Die junge lila Schönheit des ersten Sommers ist dahin, seit die unvermutet harten Winter der letzten Jahre ihr über den Schopf gefahren sind. Ach ja, solche extravaganten Ausländer tun sich in unserem Klima in der Voreifel schwer! Vom Regen allein kann man nicht blühen. Es muß auch Wärme und Sonnenschein her! Direkt hinter diesem Busch aber, schamhaft von sonstigem Gesträuch verhüllt, baut sich die Kraftquelle unseres Gartens auf, der Komposthaufen. Eigentlich sind es sogar zwei Behälter, denn jeder Gartenliebhaber weiß, daß ein diesjähriger Komposthaufen erst im nächsten Jahr kompostiert wird; dann sind nämlich seine angehäuften unaussprechlichen Bestandteile verrottet und zu wunderschönem, fettem Humus verwandelt worden. Freilich, was der Kompost alles zutage befördert, wenn im Frühjahr dann endlich begonnen werden kann, die leeren Beete vorzubereiten für neue Pflanzungen, ist des Staunens wert und beglückt den Entdeckerdrang meiner Enkel jedes Jahr aufs neue. Da kommen vergessene Sandschäufelchen, Hufeisen, Zimmermannsnägel, verrostete Gabeln und Messer zum Vorschein. Da glänzen Perlen und abgebrochene Holztierchen aus dem Kinderzimmer darin,

Glasscherben und funkelnde Keramikteilchen, perlmutterfarbige Fliesenstückchen, verbogene Haarnadeln, halbverfaulte Putzlappen, Nußschalen, und immer wieder unverweste Hühnerknochen und Steine, Steine, Steine. Gottlob enden auch die Maulwürfe, die der Hausvater wegen ihrer übereifrigen Wühlarbeit nach hartem innerem Kampf mit sich selbst schließlich durch aufgestellte Fallen zur Strecke bringen mußte, auf dem Kompost. Sie sind glücklicherweise im nächsten Frühjahr nicht mehr vorzufinden. Auch die in seltenen Fällen etwas stümperhaft betriebene Backkunst der Gärtnerin (in Gestalt mißratener Plätzchen!) kommt auf dem Komposthaufen eine Zeitlang noch zum Vorschein und verrät die Schuldige. Und schließlich ist dieser ungefüge Haufen auch ein genauer Zeuge des Gärtnerfleißes nach schweißtreibend heißen Arbeitstagen, in denen Brennesseln mit ihren Wurzelstöcken ausgerissen und dorthin geworfen wurden. Und wie die Indianer ihre Skalps, so zählen wir die Brennesselstöcke, die wir zu vernichten meinten – für dieses Jahr wenigstens! Aber, o Wunder, Brennesseln sind treu, sie kommen immer wieder, sie sind die ungebetenen, aber hartnäckigsten Dauergäste! Ich erinnere mich der Tage nach dem Erwerb des alten vierhundertjährigen Bauernhauses, wo mit dem Traktor die mannshohe Wildnis hinter dem Haus erst umgepflügt werden mußte, weil seit mehr als zwölf Jahren das Grundstück nicht mehr gepflegt worden war. Die Wildnis zu kultivieren war immer schon ein langfristiges Unternehmen, man weiß das von den Kolonisatoren und Klostergründungen! Langsam ergebe ich mich daher in das Schicksal, mich noch auf Jahre hinaus mit Brennesselwurzeln auseinandersetzen zu müssen, mit Quecke und dem klebrigen Zeug, das sich an unsere Büsche heftet, auch wenn ich es immer wieder hartnäckig herunterreiße. Wir sagen den Kindern im Garten, daß Brennesseln nur deshalb bekämpft werden müssen, weil sie die Blumen ersticken (meine Rosen vor allem) und weil sie am Rand des Rasens unserer Jüngsten unbarmherzig die Beinchen zerstechen. Aber ich fühle mich gleichwohl der schöngezackten Brennessel gegenüber immer etwas schuldig, wenn ich so sehr auf ihre Vernichtung aus bin. Taubnessel und Löwenzahn behandle ich freundlicher, und der Männertreu darf unsere Steine überziehen, soviel er mag. Was als Unkraut bezeichnet wird, ist bekanntlich eine Weltanschauungsfrage. Zunächst sieht ja auch auf meinen Blumenbeeten im Unterteil des Gartens jedes grüne Hälmchen vielversprechend aus. „Ei, eine Levkoje – ach wie schön, eine Campanula", denkt die gläubige Gärtnerin, denn solche edlen Gewächse hat sie aus Samen gezogen, in Blumenkästen im warmen Zimmer gehütet und dann sorgsam aufs Beet gesetzt. Was aber dann wirklich die Beete gelb und orangefarben überzieht wie ein Heer kleiner Sonnen, die auf die Erde heruntergefallen waren, das sind die alten Ringelblumen, und dazwischen jede Menge Disteln, Quecken und Wolfsmilchgewächse. Und die Samen aus den Tütchen, deren Blumenkelche so verheißungsvoll bunt abgebildet waren, können dagegen gar nicht erst aufkommen! Und von den vielen eingesetzten Zwiebeln der Gladiolen und von den paar königlichen Sonnenblumen merkt man sowieso lange nichts, da muß man sich in Geduld üben, bis im Spätsommer die ganze Pracht sich entfaltet. Aber die Neugier, das Warten aufs Keimen, die Hoffnung auf die ganz einmalige Pflanze, die jetzt erstehen würde, ist etwas so Elementares für ein Gärtnerinnenherz, daß es den Vergleich mit einem intellektuellen (Forschungs-) Trieb durchaus aushalten kann. Doch nicht nur das Warten auf einen ersten Keimling, sondern auch die Mühsal des Begießens, des Vereinzelns, des Anbindens ist teilnehmende Beobachtung, ist Aktion, erlebter Prozeß, hat etwas von System an sich. Freilich nur, wenn die Voraussetzungen stimmen: Regelmäßigkeit und Genauigkeit bei der Erfüllung der notwendigen Regeln sind erforderlich: z. B. die Erhaltung und der Schutz des Umfeldes, eine Veränderung der Wachstumsbedingungen nur wenn nötig.

All das, ich sage es etwas wehmütig seufzend, verfolge ich leider nicht in so hohem Maße. Manchmal zum Beispiel versäume ich an heißen Sommerabenden das Wassertragen aus der Regentonne vor meiner Tür. Ich werde dann mit einem trockenen, spröde gewordenen Boden bestraft, den an sonnigen Standorten nicht einmal die gewöhnlichen Studentenblumen vertragen. Höchstens die Zucchini, die ich wegen ihrer schönen gelben Blütenkelche neben die Sträucher im unteren Garten pflanze, überdauern dann meine Nachlässigkeit und beschenken mich mit ihren dunkelgrünen kleinen Früchten, obwohl ich's nicht verdient habe.

Ansonsten aber erzieht mich der Garten, denn er bedarf meiner häufigen Anwesenheit. Das ganze Jahr über ist dort etwas los. „Nicht einmal der Januar bedeutet für den Gärtner eine Zeit der Untätigkeit", so sagen wenigstens die Handbücher für Gärtner (und Carel Čapek, in seinem köstlichen Taschenbuch „Das Jahr des Gärtners". Er sollte es wissen, weil er ein Gärtner aus Leidenschaft war!). „Wagt im Januar die Sonne zu scheinen, faßt sich der Gärtner an den Kopf, denn die Sträucher könnten vorzeitig treiben. Regnet es, fürchtet er für seine Alpenblumen. Ist es trocken, denkt er mit Schmerzen an seine Rhododendren ..., schneit es überhaupt nicht, jammert er über den verheerenden Frost. Tritt Tauwetter ein, verflucht er die verrückten Winde, von denen es begleitet ist und die die schändliche Gewohnheit haben, Reisig und andere Frostdeckung im Garten herumzuwirbeln." Aber dann kommen als erstes Anzeichen, daß etwas im Gange ist, die Krokusse mit vollen dicken Spitzen zutage. Es kommen auch die Gärtnerpreislisten, die jede Gärtnerin mit Wonne liest, so daß sie sich jedes Jahr wieder hinreißen läßt, zu viel und zu früh zu bestellen – aus lauter Vorfreude! Aber dann geht erst die Arbeit los, das Umgraben, Kompostaufschütten und das Aussetzen der Pflanzen in den Blumenkübel auf der Terrasse – aber ja nicht vor den Eisheiligen im Mai! Und nicht vor der Kalten Sophie ... Und wußten Sie schon, daß jeder Gärtnerin bereits das verblühte Schneeglöckchen schon so etwas wie den Herbst ankündigt, der doch eigentlich erst beginnen dürfte, wenn die Astern und die Georginen und die Dahlien und die Goldruten richtig in Flammen stehen? Und dann erst der richtige Herbst, der Oktober beispielsweise, der keineswegs ein kümmerlicher Monat ist, sondern ein Monat der verborgenen Vorbereitung auf den Frühling? Jetzt muß die ungeübte Gärtnerin höllisch aufpassen, daß sie nicht mit dem Häckchen oder der Grabschaufel die Zwiebeln ihrer Hyazinthen zerschneidet! Herbst ist dann die Zeit des Aussetzens und des Umsetzens, wo die verlockend leeren Stellen sie keineswegs dazu verleiten dürften, im Überschwang ihrer Erwartung fürs nächste Jahr nun alle möglichen wohlklingenden Blumensorten hier- und dorthin zu verpflanzen. Sie wird sich nämlich im Frühjahr kaum mehr erinnern, woher der plötzlich aufschießende Reichtum grüner Stengel kommt und welche Gartenschönheit darunter verborgen ist. Das ist nur zu oft leider der Fall, auch wenn sie strikt daran gegangen ist, jede Veränderung in der Gestaltung ihres Gartenanteils sofort mit dünnen Stöckchen und kleinen beschrifteten Zettelchen anzumerken. Aber o weh! Die Enkelkinder sind meist im Garten auf der Jagd nach solchen auffälligen kleinen Gegenständen, sie interessieren sich für jeden Zettel, den sie zu entziffern versuchen, um ihn mir dann als Fund in die Wohnung zu tragen. Auf diese Weise kommt mein Garten nie in Ordnung. Er ist und bleibt ein Ort, in dem der Zufall eine wichtige Rolle spielt, der Wind, die Wolkenzüge, der Regen, die Wühlmaus und die Kinderhände: unvorhersehbar und immer etwas gefährdet. Vor allen Dingen aber: er ist nie fertig. Und in dieser Beziehung – so meint jedenfalls auch Čapek –, in dieser Beziehung „gleicht der Garten der menschlichen Welt und allen menschlichen Unternehmungen –".

Aber ich habe etwas vom Besten vergessen, was meine Gärtnerei bewirkt oder Begleiterscheinung ist: Meine Beete sind der Ort, wo mit den Nachbarn über den Zaun gesprochen wird über Klima, das Gedeihen von Pflanzen, über eine neue Anbausorte von irgend etwas, über Geschehnisse auf unserer Straße, aber auch über politische Ereignisse – kurz über alles, wo Gott und die Welt vorkommen. Und es ist im Sommer jener Platz, an den ich zuerst meine Bekannten und Freunde führe, die mich besuchen. Denn was gibt es Erquickenderes zu hören als ein anerkennendes Wort über gut durch den Winter gebrachte Rosen, und wie beglückt es mich, wenn ich einer Besucherin ein Sträußchen Liebstöckel oder Petersilie mit auf den Weg geben kann! Ich weiß, sofern auch sie eine Gärtnerin ist, belohnt sie mich beim Wiederkommen mit einem Stöckchen Thymian oder einer Steinwurz. Und dann kann das Leben im nächsten Jahr wieder von vorn beginnen ...

Es knospt

Es knospt
unter den Blättern
das nennen sie
Herbst.

Hilde Domin

Die Enkel

Mit zwei kleinen Fäusten pocht es an meiner Wohnungstür. Sie führt zum Hof, der beide Wohnungen unseres Hauses miteinander verbindet. „Oma", ruft die Stimme unserer eineinhalbjährigen Jüngsten. Ist doch die winzige Enkelin, noch nicht recht gehfähig, über die Steinstufen gekrabbelt, um zu mir zu kommen! Mariechen, du kleine Kleine! Sie bekommt die meisten Kosenamen von der Großmutter, weil sie die Jüngste ist, die Neueste im Kreis der Familie. Bei ihrem Anblick geht mir das Herz immer über vor Freude. Sie ist natürlich auch am häufigsten bei mir, und wenn ich sie zur Begrüßung hochnehme, dann ist mir klar, daß ich bis auf weiteres jede andere Beschäftigung aufgeben muß. Denn das „Mariele" (wie ihre badische Mama das Kind nennt) oder das „Butzele" wie die Oma häufig sagt – hat ganz bestimmte Erwartungen an mich. Sie verlangt ungeteilte Aufmerksamkeit für ihr weiteres Tun, da bleibt kein Auge trocken. Sie nimmt mich an der Hand und führt mich zum Klavier. „Siek" (Musik?) befiehlt sie. Und dann muß ich sie dort auf den Schoß nehmen und das „richtige" Liederbuch mit den vielen Bildern öffnen. Mariele fängt an mit ihrem Lieblingslied „Hoppe, hoppe Reiter" und „Ich gehe mit meiner Laterne". Sie singt richtig, wenn auch nicht immer mit verständlichen Worten unterlegt, und sie weiß genau, was sie will. Wenn ich im Singebuch auf andere Kinderlieder deute, schüttelt sie energisch den Kopf. Nein, etwas anderes ist nicht nach ihrem Geschmack! – Später wird das „Puppi" aus- und angezogen und herumgetragen, oder es werden die uralten, angeschlagenen, blauen Emaillegeschirrchen aus meiner eigenen Kinderzeit aus dem Schrank geholt. Vor sich hinsummend gießt Mariele sich imaginäre Milch und Saft ein. Immer wieder. In der Wiederholung des Gleichen scheint ein Einübungseffekt zu bestehen: Vielleicht ist es auch die wachsende Lust am Können, die sie zur Wiederholung treibt. Genauso verfährt sie mit meiner Bedienung. Ich bekomme nämlich auch ein Täßchen.

Wenn ich nun sage „Bitte Zucker" oder „Bitte mehr Milch", bekomme ich aus einem entsprechenden kleinen Gefäß nachgereicht. Das geht eine Viertelstunde lang so. Dann beginnt die kleine Person aufzuräumen. Mariechen ist die personifizierte Ordnung. Kein Papierschnitzelchen, das herumliegt und von ihr nicht in den Papierkorb geworfen wird! Und während Hedwig, unsere beinahe Achtjährige, unbekümmert Kleidungsstücke und Spielsachen einfach nach Gebrauch fallen läßt, wo immer sie geht und steht, ist das Mariele darauf bedacht, solche Dinge wieder aufzuräumen. „Die einzig Ordentliche aus der Familie!" sagt die Mutti lachend, wenn ich ihre Kleinste dafür lobe.

Hedwig, die älteste, haben mein Sohn und seine Frau adoptiert. Sie ist ein temperamentvoller Springinsfeld, bis in die Zehenspitzen hinein musikalisch. Rhythmus zieht sie unweigerlich und beharrlich an, dann ist sie von der Musikquelle kaum mehr loszueisen. Da es in Omas Wohnzimmer viel Platz auf einem großen Teppich gibt und im Vorzimmer eine Schublade mit alten Tüchern und Schals zum Verkleiden vorhanden ist, vergeht kaum ein Kinderbesuch, ohne daß Hedwig eine Schallplatte erbittet. „Aber nicht sowas Langweiliges – sondern was zum Tanzen." Vorher eine große Umkleideszene. Um die Strumpfhose werden Schals drapiert, auf den Kopf kommt fast immer ein Turban: jedesmal mit beneidenswerter Phantasie ganz anders als das vorherige Mal geschlungen, geknüpft, gesteckt, mit Fundfedern verziert. In der Farbauswahl von lockerer Kühnheit: knalliges Rot auf Zitronengelb und Schwarz, Tiefblau und Hellgrün und Braun. Und dann geht die Tanzerei los, zuerst allein. Woher sie die vielfachen Tanzschritte hat, weiß ich nicht. (Bei „Sesamstraße" und dem „Waschbär Rascal" im TV kann man so etwas wohl kaum erlernen!) Sie versucht's auf Zehenspitzen, sie tanzt mit großen Sprüngen, sie kriecht in sich zusammen wie der Sterbende Schwan. Als ich ihr einmal davon erzähle, muß ich das Wort „Ballett" erklären. Ein paar Tage später erzählt sie, daß sie mit der Mama wegen Unterricht fürs Kinderballett gesprochen habe. Aber die habe gemeint, anstatt Ballettstunden dürfe sie zuerst mal Judo lernen. Das höre ich mit gemischten Gefühlen. Ist doch unsere kleine, kraushaarige Dunkle, so pfiffig und vorlaut sie sein kann, offenbar nicht gefeit gegen Anpöbelungen von dummen Schulbuben, die ihr „Negerprinzessin" nachrufen. Da mag Selbstverteidigung genau die richtige Technik fürs Leben sein!

Wenn die Buben mittanzen, schwebt Hedwig irgendwie am Rande. Die zwei anderen stapfen, mit

Pelzmütze auf dem Kopf oder einem prinzlichen Stirnband angetan, nicht ohne Rhythmus, aber begleitet von martialisch klingenden Lauten, auf dem Teppich herum. Vergangenes Jahr mußte ich nach Weihnachten beinahe täglich die Orff'sche Platte vom Zug der Heiligen Drei Könige auflegen. Dann wurde in wechselnder Besetzung, oft nur mit einem „König", der Zug aus dem Orient mit Trommlern und Pfeifern gespielt. Dann kam als Herzstück der Darstellung die ganz große „Reverenz", wobei man sich der Länge nach am Boden vor eine gedachte Krippe legte. Bleibendes Erinnerungsstück an die bis Pfingsten währende Orff-Saison ist bis heute meine ramponierte Zuckerdose aus altem Zinn. Sie wurde regelmäßig von David, dem König Melchior des heiligen Tanzspiels, als Gefäß für Weihrauch benutzt. Er selbst nannte sich konstant ‚Melch-Ohr'. Meines Vaters ehrwürdiger Spazierstock diente dem Melch-Ohr als Kamel, das war für ihn von vornherein klar. Ersatzstücke kamen nicht in Frage. Oh David, in welch einer wundersam belebten Welt darfst Du noch leben! In Tonfall und Lautstärke bist Du entweder als Ritter, als Seeräuber, als Asterix oder Obelix zu erkennen! Und wenn ich mich vom Seeräuber bedroht fühle, weil er gleich mit gezücktem Plastikdolch an meiner Tür läutet, beruhigt er mich sofort: „Oma, aber ich bin doch ein Seeräuber-*Kind,* ich bin ja lieb!" Und Oma ist wieder besänftigt.

Für David bewegt sich alles, ist alles farbig belebt. So sind auch seine Wortschöpfungen äußerst anschaulich. Als er Schluckauf hatte, meinte er: „Mir fliegt der Magen hoch!" Das Wattestäbchen aus der

Badestube ist ein „Ohrenbesen", der Weihnachtskomet überm Stall von Bethlehem heißt bei ihm „Leuchtschwanz". Er beklagt sich bei mir: „Die Mütze ist mir zu juckelig", oder bittet: „Oma, schleifle mir das Tuch um den Bauch!" Bei dem dreieinhalbjährigen David einen so spielerischen Umgang mit der Sprache zu erleben, ein stets neues Ausprobieren von Worten verschiedenster Klangfarbe, ist mir immer ein großes Vergnügen. Seine Vorliebe für ganz bestimmte Wendungen, die er von den Geschwistern oder im Gespräch mit Erwachsenen aufgeschnappt hat, ist beachtlich. Im Augenblick frequentiert er besonders das Wort „natürlich". Fast jede seiner Antworten beginnt so. Vorher war's, im Brustton tiefster Zustimmung gesprochen, das Wort „genau – au – au – au". Und vor einem Jahr etwa hatte er eine besondere Vorliebe für den Ausruf „Ach sooooo", sehr gedehnt gesprochen. Es kam meist nach gewonnener Einsicht in einen neuen Sachverhalt vor. Ich ertappe mich dauernd, daß ich dies Wort im gleichen Tonfall ebenfalls benutze. Und meine Nichte Irmgard und ihr Mann erzählten im Vorjahr nach einem Besuch bei uns beiläufig, daß sie sich dies gedehnte „Ach sooooo" ebenfalls angewöhnt hätten. Es habe zwischen ihnen eine eigene, zur Versöhnung stimmende Kraft entwickelt, wenn eine familiäre Situation etwas spannend geworden sei.

Der hellhaarige Franzi ist jetzt bald sieben. Neuerdings hat er eine große Zahnlücke vorne, die seinen höchsten Stolz ausmacht. Wir beide mögen uns. Er hat eine leise, zärtliche Art, wenn er sich gelegentlich abends bei mir nach dem Gutenachtsagen verabschiedet. Aber auf ihn muß ich behutsamer zugehen als auf die drei anderen Kinder. Er kommt mir verschlossener vor als die dominierende Hedwig. Franzi kann Kopf und Hand benützen. Oft wird er so überwältigt von Gedanken, daß er zu stottern beginnt. Aber das hindert ihn keinesfalls, den Dingen auf den Grund zu gehen. Er kann Schlüsse aus Zusammenhängen ziehen, die für einen Buben seines Alters auffallen. Wenn er zu mir kommt, dann am liebsten ganz allein. Dann setzt er sich hinter den niederen Spieltisch und bastelt stundenlang an einer komplizierten Lego-Konstruktion herum. Er ist penibel im Umgang mit kleinsten Teilchen. Und wenn die Oma in ihrem Haushalt mit einfachen technischen Problemen nicht so zu Rande kommt, wie sie sollte, belehrt er sie aufmerksam eines Besseren, ohne sie auszulachen. Das findet die Oma wieder prima. Vor zwei Jahren war sie mit Franzi in einem zweiwöchigen Urlaub in Tirol. Damit hat sie eine Tradition begründet, die jedes Jahr mit einem anderen Kind fortgesetzt werden soll: einmal auf mehrere Tage mit der Oma irgendwohin fahren dürfen, ohne Eltern, ohne Geschwister! Ganz im Mittelpunkt sein! Lauter besondere Sachen erleben dürfen, die man nun den anderen Geschwistern voraus hat! „Ja, auf der Kronburg" ... so schwärmt Franzi seit zwei Jahren vor den anderen. Ganz allein mit den Knechten zum Heuen gehen dürfen. Wandern mit der Oma, ganze Tage lang, wobei das Schönste das Einkehren in den Wirtshäusern war! Und morgens das Glockenläuten, direkt den Betten gegenüber, vom Turm des Wallfahrtskirchleins. Und mit einem netten alten Herrn Professor in den Ruinen einer Ritterburg herumstiefeln dürfen und fragen, fragen, fragen. Ich erinnere mich, daß wir auf der Heimfahrt aus Tirol lange Zeit allein mit zwei mürrischen alten Herren im Abteil saßen. Kinder, die offenbar aus dem Urlaub in Italien kamen, tollten den Gang entlang. Sie erregten damit den lauten Unwillen der beiden Herren. Da sagt unser Franzi ganz unvermittelt und freundlich zu ihnen: „Können Sie denn nicht verstehen, daß denen im Zug so langweilig ist?"

Und die Oma denkt sich: „Wie einfach – und wie wahr!"

Ich habe mir nie so recht vorstellen können, wie sehr meine Enkelkinder diese alten Tage einmal beleben, erwärmen, erleuchten können. Ich spiele ihnen gegenüber eine ganz andere Rolle als die Eltern. Lediglich bei einer längeren Abwesenheit des Vaters oder der Mutter kann ich vorübergehend so etwas wie ein Zipfelchen elterlicher Autorität – und das nur stellvertretend – erhalten. Unseren Kindern gegenüber habe ich bei aller Zuneigung und dem Wunsch, daß sie dereinst gute Menschen werden, keinerlei pädagogische Verantwortung; denn ihre Eltern üben diese voll aus. Ich bemühe mich im allgemeinen, den gesetzten erzieherischen Richtlinien nicht in die Quere zu kommen. Aber ich darf kompensatorisch sozusagen manches tun, was die Eltern aufgrund ihrer Lebenssituation unter Tags nicht leisten könnten. So fahre ich mit den jeweils Jüngsten nach dem Mittagsschlaf ins Freie (auf unserem Dorf bin ich wahrscheinlich die einzige Oma, die bei Sonne, Wind und Schnee auf den Feldwegen spazierenfährt). Ich darf mit den Enkeln spielen. Es bleibt mir heute noch ein Rätsel, warum den größten Beliebtheitsgrad jene dargestellten Märchen für sie haben, bei denen ich selbst mittun muß. Daß die Oma gleichzeitig Geißenmutter und Wolf in einer Person zu spielen hat, weil die beliebteren Rollen die kleinen Geißlein sind, stört niemanden! Oma darf auch manchmal das schlechterdings Ungewöhnliche tun: Sie darf zu den Geburtstagen eine ausgefallene Hose oder einen verrückten Haarschmuck für Hedwig kaufen. Sie hat Zeit, in der Stadt mehrere Spielwarengeschäfte abzuklappern, um einen ganz bestimmten Wunsch zu erfüllen. Sie kann manchmal an einem ganz gewöhnlichen Werktag Eis spendieren, und was dergleichen Besonderheiten mehr sind.

Die Oma kann erlaubterweise auch manches zusätzlich zur täglichen Routine der Eltern tun. So etwa, wenn mich die Kinder nach gehabter Gutenachtgeschichte, welche die Eltern erzählen, noch mal ins Zimmer hereinlocken. Dann bettelt Hedwig oft: „Erzähl doch eine Geschichte – aus deinem Leben!" Das geschieht nicht täglich, aber doch oft genug, um das Omaherz zu beglücken.

Was ich sonst an neuen Erfahrungen durch die Enkel gewinne? Ich muß gestehen, daß ich früher nicht in dieser Intensität erfahren habe, wie geheimnisvoll ein Kind eigentlich ist. Ich sage das mit Bedauern, vielleicht auch mit einem gewissen Schuldgefühl. Das mag daher rühren, daß mein eigener Sohn in Kriegszeiten aufgewachsen ist, wo oft nicht das staunende Hinhören auf das Kind, sondern härtere Zwänge von außen die Stunde regierten. Einem Kind, das ganz bei sich und für sich da ist, bei seinem versunkenen Spiel zuschauen zu können, lange und ohne dazwischenzureden, ist eine wichtige Lernstunde für mich. Da ist kein Krampf, kein Leistungsvergleich, sondern hingebungsvolle Sammlung. Er ist zweckloses Tun, „Spiel der Weisheit im Schoß des Vaters".

Noch etwas anderes rührt mich im Innersten an: Das kindliche Staunen vor etwas Neuem, das entdeckt wird. Das kann eine Blume oder ein Käfer im Garten oder im Wald sein, es kann ein Flugzeug am Himmel oder das Geräusch der Melkmaschine im Stall unseres Nachbarn sein: Kinder staunen immer wieder. Oder die traumhafte Sicherheit, mit der beispielsweise der kleine David bei der Nennung eines fremden Familiennamens oder eines fernen Landes behauptet: „Den kenn' ich" oder „Da war ich auch schon". Die große Hedwig macht mir hinter seinem Rücken ein Zeichen, das besagen will: „Hör nicht auf den Aufschneider!" Die Oma aber denkt sich: Auf welch verborgenen Schatz von Vorerfahrungen der Menschheit geht so ein Kind zurück, das mir sagt, den kenn' ich, ohne diesen Jemand je gesehen zu haben? Welch geheimnisvolle Quelle sprudelt da? Welches Wissen um Ursprünge, welches Vertrauen in ein Zuhausesein in der Welt spricht sich da aus! Lieber, kleiner David: Möge Dir doch diese Lebenszuversicht niemals verlorengehen! Mögest Du einmal Deinen letzten Horizont erreichen und dort ankommen, von wo Du einmal hergekommen bist!

Einem Kinde

Greifst nach der Flamme, o kleines Unwissen –
Einmal, einmal wirst du als Flamme zur Flamme
gerissen.

Tauchst deinen Finger ins Wasser der Wellen –
Einmal, einmal fällst du als Tropfen zum Meer aller
Quellen.

Schattest den Spiegel mit hauchendem Munde –
Einmal, einmal trinkt dich ein andrer als Odem
vom Grunde.

Schweifst auf der irdischen Kugel behende –
Einmal, einmal trittst du hinaus zum Beginn ohne
Ende.

Ruth Schaumann

Verschwunden, vergessen, verlegt, verzaubert …

Mein Führerschein ist weg – einfach weg! In einer alten Klarsichthülle, in der außerdem noch andere Dokumente wie der Seniorenpaß der Bundesbahn und mein Fahrzeugschein lagen – gar nicht zu reden von den drei oder vier Starfotos meiner Enkelkinder, die ich nach Großmutterart zwischen diesen Dokumenten herumtrage! (Ich kann ja nicht wissen, wer sich nach dem Aussehen der lieben Kinderlein erkundigen wird auf meinen verschlungenen Wegen!) Nun sind auf unerklärliche Weise diese Dokumente verschwunden, die Klarsichthülle ist nicht mehr im alten Portefeuille, wo sie seit Jahr und Tag aufbewahrt wurde, aufbewahrt sein sollte, aufbewahrt werden müßte …

Ach was, nur ruhig Blut! Ich bekam ja von Kindesbeinen an beigebracht: „Lauft nicht gleich zum Heiligen Antonius, wenn ihr etwas verloren habt! Denkt erst einmal ruhig nach, der Reihe nach, was ihr *vor* der Wahrnehmung eures Verlustes getan habt! Dann kommt ihr von selbst drauf, wo euer angeblich verlorener Gegenstand sein könnte!“

Also fange ich an: bemerkt habe ich Montag früh bei der Abgabe meines kleinen PKW zur Inspektion, daß ich meinen pflichtschuldigst abzugebenden Fahrzeugschein nicht bei mir hatte. Er sollte ja beim Führerschein sein, und beides in einem Klarsichtumschlag. „Seien Sie nicht aufgeregt, machen Sie ganz langsam", sagt die Dame am Schalter in jener behutsamen Tonart – ich kenne das schon –, mit der man unsereinen in ähnlich kritischen Situationen begütigen will. Ich bin erleichtert, als sie endlich sagt: „Wissen Sie, so was kann jedem passieren, Sie werden Ihren Schein verlegt haben." Ich hätte sie umarmen können für dies Wort „Das kann jedem passieren", ohne Rücksicht aufs Geburtsdatum!

Heimwärtsfahrend gehe ich fieberhaft alle Stationen der letzten Tage durch. Am Samstag hat mir die Post den Fahrzeugschein zugestellt, der versehentlich nach einer Reparatur in der Werkstatt liegengeblieben war. Samstag habe ich ihn in besagte Klarsichthülle gegeben und meine, ihn nach alter Gewohnheit in das vergriffene schwarze Portefeuille gegeben zu haben. Wohin war ich dann mitsamt der Tasche, in der sich normalerweise alles befindet – befinden sollte – befinden müßte –, gegangen? In die Samstagabendmesse. Am Sonntagmorgen: eine Märchenaufführung im Stadttheater mit den Enkelkindern, abends allein bei Freunden. Nirgendwo habe ich mein schwarzes Portefeuille herausgezogen, in dem der Führerschein steckt – stecken sollte – stecken müßte.

Es ist doch lächerlich, am Boden meines Fahrzeugs kann der Führerschein nicht sein, dann müßte doch auch die schwarze Brieftasche fehlen! Auch das Theater hat nichts unter den Sitzen im 3. Rang gefunden. „Nein, da hätten wir Sie ja sofort angerufen." Ähnliches behauptet das Fundamt der Stadt. Ich suche zum dritten Mal meinen Schreibtisch ab, ziehe im Wohnzimmer alle Schubladen auf und krame nach den Papieren. Am nächsten Tag das gleiche Spiel. Der Führerschein samt Begleitdokument bleibt verschwunden. Ich muß einen Antrag auf neue Papiere stellen, mit der „erstausstellenden Behörde" in München telefonieren und mich beim Aachener Straßenverkehrsamt mit der Auskunft vertrösten lassen, daß die Ausstellung meines vorläufigen Führerscheins noch mindestens eine Woche dauere.

Meine Familie lächelt zuerst, dann äußert sie Mitleid. Sie kennt ja meine Verzweiflungsanfälle, wenn ich den Hausschlüssel verlegt habe, der am Schlüsselbord im Gang hängt – hängen sollte – hängen müßte. Oder noch schlimmer, wenn ich tagelang nach meiner bifokalen Brille suchen muß, weil ihre noch vorhandene Vorgängerin mir nicht mehr erlaubt, anders als mit steifem Hals in einer Entfernung von ungefähr einem Meter meine Post zu lesen! Die Brille hat mir das jüngste Enkelkind auf meinem Arm wieder mal vom Gesicht gerissen, natürlich, dann habe ich sie doch gleich am nächsten Bücherbord abgelegt, nicht wahr? Aber das Bücherbrett weiß von nichts, auch seine Nachbarn sind unschuldig: vielleicht liegt dann die Brille neben den Gewürzgläschen meiner Schwiegertochter in der Küche! Einmal hatte ich einen hohen Finderlohn ausgesetzt, als mir bei der Taufe unseres damals nicht mehr ganz winzigen Babies die Brille verschwand.

Und siehe da, ein Jahr nach dieser Osternacht fand sie meine älteste Enkelin, triumphierend, unter dem Sofa, wohin sie eigentlich nicht gehört – gehören sollte – gehören müßte …

Das verflixte Gedächtnis bereitet mir immer mehr Pein. Es gab eine Zeit, wo ich häufig unter Altenheimhelfern die dramatische Geschichte einer Kunstmalerswitwe erzählte, die mit fast 70 Jahren in unser kleines Damenaltenheim gelangte, das ich vor Jahren zu verwalten hatte. Die Dame behauptete eines Tages, ihr Platinhalsband, Hochzeitsgeschenk ihres Mannes, sei gestohlen worden. In ihrem Schrank, unter einem Nachthemd sei's verborgen gewesen! Große Aufregung, Weinen des kroatischen Zimmermädchens, Versuch der Beschwichtigung nach allen Seiten durch die Heimleiterin. Schließlich meldeten wir den Verlust der Polizei. Im Frühjahr darauf verstarb die alte Dame. Unsere Heimleiterin sprach der Nichte am Grab nochmals ihr Bedauern aus, daß man das Hochzeitsgeschenk seinerzeit nicht gefunden habe. „Die Platinkette?" meinte die Nichte erstaunt. „Aber die hat mir doch das Tantchen vor zwei Jahren zu Weihnachten geschenkt."

Ich habe genügend Witzblätter gesehen seit meiner Kinderzeit, in der eine ständig wiederkehrende Figur der „zerstreute Professor" hieß. Glücklicherweise gab es davon – bis jetzt – noch keine weibliche Form. Unser Modell wäre nicht minder reizvoll, vielleicht weil es sich aufs Verlieren, Vergessen, Verschwindenlassen anderer Gegenstände bezieht. Brillen, Scheren, Auto- und Hausschlüssel sind außerdem entweder von anderer Fasson oder werden grundsätzlich anders befestigt als die gleichen Objekte an Gewand oder im Haushalt des Mannes, scheint mir. Auch Ringe und Platincolliers spielen dort anscheinend keine so bedeutende Rolle.

Was mich aber keineswegs belustigt, ist, daß diese Woche mit meiner Führerscheinerfahrung die wissenschaftlichen Erkenntnisse der Gerontologie einfach Lügen gestraft werden. Dicsc bcsagen nämlich, daß gesunde alte Leute gar nicht notwendigerweise unter Gedächtnisschwund leiden müssen. Schon gar nicht gelte dies für Gedächtnisleistungen, die „als sinnvoll empfunden oder als bildhaftes Gedächtnismaterial" eingespeichert wurden. Kurzfristige Gedächtnisleistungen haben also, wenn ich recht sehe, bei mir ein schweres Schicksal. Es hilft alles nichts: ich muß für den Hausgebrauch mein Gedächtnis energisch trainieren. Ich darf die alte Regel nicht außer acht lassen, daß ich Aufbewahrungsorte von Objekten des Gebrauchs nicht ständig ändere. Ich muß mich daran halten, im Augenblick nicht mehr benötigte Gebrauchsgegenstände so rasch als möglich an ihren alten Platz zu stellen, zu legen oder zu schieben. Kurzum: Ich werde jetzt lange beschäftigt sein mit der freien Wiedergabe von Gedächtnisinhalten!

Es sei denn, ich vertraue mich dem unfehlbaren Rezept Davids an! Der hat neulich meinen Schrankschlüssel – nicht etwa weggeworfen, verlegt, versteckt oder „vergessen". Nein, er hat ihn „verzaubert" für mich!

Wir haben ihn beide anderntags unterm Schrank wiedergefunden.

Nicht müde werden

Nicht müde werden
sondern dem Wunder
leise
wie einem Vogel
die Hand hinhalten.

Hilde Domin

Erinnern und Versöhnen

Als ich vor ein paar Monaten meinen 75. Geburtstag feierte, haben sich wieder einmal die „Jungen" – wie schon bei meinem 70. Geburtstag – eine Vorabendfeier eigener Art ausgedacht. Ich hatte vorgeschlagen, wir sollten uns aus den verschiedenen Himmelsrichtungen in einem schönen Tiroler Wirtshaus treffen, mit dem wir Älteren gewisse Jugenderinnerungen der Familie verbanden. Georg, der Sohn, und seine Frau Barbara hatten sich nun ausgedacht, daß es doch eines solchen Geburtstages würdig sei, wenn das Gedenken sich der Familiengeschichte zuwendete. Ob wir Geschwister uns nicht bereit finden könnten, unser je eigenes Verhältnis zu den längst verstorbenen Eltern und die Beziehungen zu den Geschwistern aus der Erinnerung hervorzuholen. Familiengeschichte sei ihnen, der dritten Generation, hauptsächlich aus den Erzählungen der Oma Lang überliefert worden. Aber solche Erzählungen Dritter sind, ähnlich dem Hervorholen alter Fotos, die bei ähnlichen Feiern gerührt betrachtet werden, doch immer nur Reproduktionen von außen, nicht die Erfahrung der unmittelbar Betroffenen. Und wenn erinnerte Erfahrung für Zukünftiges Hoffnung durchscheinen lasse, sei ein solcher Vorgang nicht nur für uns Ältere, sondern auch für die jüngere Generation bedeutsam.

Nun, wir waren bereit. Wir: das waren die fünf noch lebenden Geschwister, die inzwischen mit ihren Ehegesponsen alle das beachtliche Alter zwischen 65 und 84 erreicht hatten. Überrascht, etwas belustigt auch über das wiedererwachte Interesse der Jungen, kam eins ums andere der Geschwister mit seinen Erzählungen, gelegentlich schamvollen Bekenntnissen, offenen Eingeständnissen an die Reihe, als wir dann tatsächlich den Vorschlag ausführten. Bis nach Mitternacht saßen wir beisammen, ohne ein wenig zu ermatten. Wir hätten noch lange so weitermachen können.

Ohne jetzt in die Versuchung zu verfallen, unsere spezielle Familiengeschichte detailliert darzustellen, muß ich doch die Weisheit dieses Vorschlags aufs höchste loben. Mit Geschwistern Erinnerungen abzuklären, macht das eigene Alter durchsichtiger. Auch Beziehungen zu den Eltern, denen wir dieses gelebte Leben „verdanken" oder – wie andere sagen – die an ihm „schuld" sind. In letzterem Fall wird angenommen, daß die Eltern-Kind-Beziehungen problematisch waren.

Welche Bedeutung haben unsere beiden Eltern für jeden einzelnen von uns gehabt? Haben wir sie „gemocht"? Jeden von ihnen in gleicher Weise? – Was haben wir ihnen an Einsichten für unser Erwachsenenleben zu verdanken?

Die Besonderheit unseres Oberammergauer Familienlebens, wie wir es als Kinder und Jugendliche erleben durften, bestand gerade in der Verknüpfung des Lebens mit religiösen Vorstellungen und auch „Darstellungen", wie sie ein Passionsspiel mit sich brachte.

Überdies war der Vater als Christusdarsteller daran in hervorragender Weise 20 Jahre lang beteiligt. Die Luft war sozusagen biblisch durchtränkt; die Töchter hießen Maria und Martha, die dritte Tochter hatte eine heilige Königin Mathilde zur Namenspatronin, die Namen der Brüder (mit den Patronen Karl Borromäus, Antonius von Padua und Gottfried) standen schließlich auch nicht gerade für heidnische Idolfiguren! Das Kirchenjahr war uns wichtiger als das bürgerliche, und die feierlichsten Erlebnisse im Jahr bezogen sich wiederum auf die Passion. Wenn nämlich in der Familie während der Karwoche gemeinsam mit verteilten Rollen die Leidensgeschichte und Auferstehungsszene vorgelesen wurde, geschah dies nach dem Textbuch des Passionsspiels, übrigens im Tonfall genau den Großen nachgeahmt, die wir wie jedes andere Kind in den vorausgegangenen Spieljahren ja auf der Bühne leibhaftig erlebt hatten. Der Vater war nach schwerer Krankheit mit 64 Jahren in unserem Beisein gestorben. Im Fieber seiner letzten Stunde hat er bis zum Ende die Abschiedsreden Jesu nach Johannes rezitiert, wie er sie viele Male bei der Abendmahlszene als Christusdarsteller gesprochen hatte.

Unsere eigenen Kinder haben später Zweifel gehabt, ob die Idealisierung der väterlichen Christusrolle ihrem späteren Lebensweg nicht eher zum Hindernis wurde, weil sie immer daran gemessen wurden und es manchmal schwerer hatten als andere, sich von der Erhabenheit der Vergangenheit freizumachen. Wir Geschwister meinten, unsere eigene Identität habe seinerzeit noch nicht unter der erdrückenden

Christusrolle gelitten. Sicherlich, so meinte einer der Brüder, habe die Weltoffenheit und Gastfreundlichkeit unseres Elternhauses auch die Wahl der Berufe bei uns zum großen Teil mitbestimmt, all diese Erfahrungen aber haben sicher auch Kontaktaufnahmen im Ausland immer wieder erleichtert. Und die Pflege der Musen haben sich all unsere Familien in der Tradition des Elternhauses angelegen sein lassen, wenngleich sich die Formen der Ausübungen änderten. Wir lebten gut, aber eigentlich nicht aufwendig, und wenn der Vater für die auswärts lernenden Söhne und Töchter am Monatsanfang den Geldbeutel ziehen mußte, traf ihn das, den so sparsam aufgewachsenen, jedes Mal hart. Ich wurde beispielsweise immer wieder gefragt, ob das Leben als Studentin wirklich so teuer sei, so daß ich es haßte, ihn um Geld zu bitten. Er war tatsächlich den Realitäten des Lebens weniger zugewandt als unsere Mutter. Sie war auch diejenige, die besonders mit den Töchtern viel strenger verfuhr als der Vater. Dennoch machten wir uns an diesem Abend klar, wie ungewöhnlich es auch für die damalige Zeit war, bei wichtigen Ausbildungs- oder Berufsentscheidungen Kinder zu befragen. So erinnere ich mich beispielsweise, daß den Eltern von seiten meiner Klosterschule ein Stipendium für meinen Oberschulabschluß und ein darauffolgendes Musikstudium angeboten worden war. Eine solche finanzielle Entlastung hätte unserem Haus sicher etwas bedeutet, weil gleichzeitig noch vier andere Geschwister auswärtige Schulen besuchten. Sie wollten meine Meinung dazu hören. Ich hatte bereits in jungen Jahren den Verdacht geäußert, daß ich dann wohl für den weiteren Weg als Klosterfrau vorgesehen sei. Meine Eltern gaben sich daraufhin zufrieden.

Aber es waren nicht nur gegenseitige Auskünfte, wie wir die Eltern erlebt hatten. Es gab daneben an jenem Abend auch tiefere Einsichten über geschwisterliche Verschiedenheiten, über Konkurrenzdenken untereinander, belegt durch lustige oder traurige Geschichten. Manches davon war nie so offen unter uns ausgesprochen worden.

Für mich war das entscheidende Erlebnis, daß ich mit meinen Eltern jetzt im Alter erneut „zu sprechen" begann. Die Mutter hatte den Vater um drei Jahrzehnte überlebt. Mit ihr setzten wir älteren Töchter uns erst jetzt innerlich auseinander. Die Fragen der materiellen Versorgung unserer Mutter im Alter waren für uns nie ein wirkliches Problem geworden, weil dies durch die Hausübernahme eines Bruders längst schon geregelt war. Und auch der Gesundheitszustand der altgewordenen Mutter war so, daß weder chronische Krankheit noch eine sonstige ernstliche Lebensbedrohung die letzten zehn Jahre verdunkelte. Dennoch sprachen wir jetzt erstmals über Vorbehalte, die wir Töchter in gewissen Perioden unseres Lebens der Mutter gegenüber hatten, vieles davon war zeitbedingt oder ergab sich aus der Situation des Hauses. Aber hatte sie sich nicht in Wirklichkeit, besonders von mir, noch mehr erwartet an töchterlicher Zuneigung und Wärme? Sie, die mich bei jedem Besuch, als sie in ihren 80er Jahren schon ziemlich gehbehindert war, sehnsüchtig erwartete? Sie, die so viele Fragen auf der Zunge hatte über das öffentliche Leben jener Zeit und insbesondere die anstehenden Reformen in der

Kirche? Bis zuletzt hat sie ja alles mitverfolgt, was ihre Zeitungen über das Konzil zu berichten hatten. Und ihre Fragen, wie wohl der Münchener Kardinal jeweils diese und jene Situation beurteile, richtete sie an mich so direkt, als würde sie annehmen, ich sei beim Kardinal mindestens einmal pro Woche zum Mittagessen eingeladen und hätte mich mit ihm lange über solche Probleme unterhalten! Ganz bestimmt hat die Mutter, so lebensklug sie war, zu gewissen Zeiten eine Vorstellung von Verantwortung für ihre Sippe gehabt, die weit über das hinausging, was sie an den eigenen Kindern bis zu deren Volljährigkeit tatsächlich verantworten mußte. Wahrscheinlich hätte sie auch den Satz ziemlich befremdlich gefunden, daß jeder Erwachsene für sein eigenes Leben Verantwortung übernehmen muß, denn sie dachte in Kategorien einer alten Großfamilie. Wir hatten das erst später akzeptieren gelernt. Sie hatte in späteren Lebensjahren viel Zeit für uns, als sie immobiler wurde oder das Bett vorübergehend hüten mußte. Mir ging erst spät auf, wie bewußt sie ihr Alter gestaltet hat: Sie hat die Übergabe des Geschäfts geplant, des Hauses, schließlich der Haushaltsführung. Sie zog sich in der Küche auf kleine Hilfsdienste zur Erleichterung der Schwiegertochter zurück, wenn's nötig war. Sie verwandte viel Zeit auf Briefeschreiben und die Aufrechterhaltung der Korrespondenz mit früheren Gästen. Sie hatte viel Zeit zum Gespräch mit Besuchern und dachte sich bis zu ihrem Tod kleinere und größere Geschenke für die Familienangehörigen aus. Sie war bis zuletzt tatsächlich die Mutter eines großen Clans, die auch unsichtbar noch gegenwärtig war …

Der Abend war lang geworden. Über fünferlei wesentliche Dinge hatten wir uns an meinem 75. Geburtstag unterhalten: Was wußten wir wirklich von unseren Eltern? Worin haben wir sie seinerzeit nicht verstanden? Verstehen wir sie jetzt besser? Wo fanden wir, daß sie uns unrecht getan haben? Was ist bis heute von der Beziehung zur Mutter übriggeblieben, das wir dankbar hüten müssen?

Ich bin tief davon überzeugt, daß erst im eigenen Alter so etwas wie eine echte Aussöhnung mit den Eltern passieren kann. Wer sich davor drückt, den holen die Teufel der Vergangenheit doch wieder ein. Sie stören dann das Verhältnis zu den Kindern.

Lieber Georg, liebe Barbara: ihr habt mir zu einer neuen Lernerfahrung geholfen. Dank Euch!

Dies immer noch

Dies: immer noch wollen
Den Laden
Immer noch aufziehen wollen
Das Hinterhaus
Immer noch auf die Netzhaut
Und das Siebenuhrmorgenzimmer

Immer noch ausgehen wollen
Die altbackene Straße hinunter
Entlang den Fenstern
Voll vergeblicher Hilfeschreie
Und einsammeln im Drahtkorb
Schicksal um Schicksal

Auf der Zunge das alte Ungereimte
Mein Schritt eine Uhr die abläuft
In der Hand noch immer
Das Pappfähnchen Zuversicht
Hinter mir keine Armee
Dann und wann Kinder.

Marie Luise Kaschnitz

Lebenswissen der Tante Anna

Wenn ich an Vorbilder denke, die für mein Leben von einschneidender Bedeutung wurden, dann fallen mir neben den Eltern natürlich spontan eine Reihe von Namen ein. Es sind bedeutende Menschen ihrer Zeit, die Orientierungscharakter für mich hatten. Unter ihnen waren Leuchtzeichen für den Weg meiner Jugend und Helfer beim Entstehen bestimmter Überzeugungen. Ich erinnere mich an wichtige Lehrer meiner Schul- und Universitätszeit. Bei ihnen beeinflußte mich seinerzeit sowohl die Persönlichkeit als auch umfassendes Wissen. Es gab aber vor allem Führungsgestalten der Jugendbewegung, die – wie z. B. Romano Guardini und Heinrich Kahlefeld – für Wahrheit und Leben eintraten oder für Volk und Glaube standen und meiner geistigen Entwicklung ihren Stempel eingeprägt haben.

Aber es gab auch andere Menschen, die meine Lebenseinstellungen gefestigt oder verändert, Beziehungen vertieft oder ermöglicht, Glauben konkret gemacht haben. Erfahrungen mit dem Glauben vermittelt zu bekommen: Das war für mich – neben dem Vater – das Geschenk einer Frau, die heute im Friedhof meines Heimatdorfes begraben liegt. 1966 ist sie, 85jährig, im Haus meiner Eltern gestorben. Es war meine Tante Anna, so im ganzen Dorf genannt, geachtet, geliebt.

Sie war noch sehr jung, als sie, die Schwester meines Vaters, in das damals neu erbaute Haus meiner Eltern kam. Darin wirkte sie bis zu ihrem Lebensende. „Stütze der Hausfrau" war damals ihre Berufsbezeichnung. Es war ein anspruchsvoller Beruf mit sechs Kindern der Familie und einem Pensionsbetrieb mit zahlenden Gästen. Wer da im „Haus Daheim" aus und ein ging, der wurde spätestens im Speisesaal mit ihr bekannt, weil sie sich in ihrer unkomplizierten Art sofort als „Tante Anna" vorstellte, und mit dem Namen des Gastes sehr oft irgendeine heitere Assoziation herstellte. Sie nahm gleich fremde Gäste in ihrer Person wahr und wies ihnen dann, entsprechend ihrer Einschätzung, Plätze an Tischen an.

So war das Band leise geknotet, eine Verbindung mit jedem einzelnen hergestellt. In solchen Dingen war sie Meisterin. Sie bewunderte, wenn es zu bewundern gab: ein neues Kleid, eine neue Frisur. Sie brachte die Herren humorvoll dazu, den mitgebrachten Betriebsernst abzulegen und die Erholungswochen als lebensvolle Neuerfahrung zu begreifen. Denn Tante Anna wußte Ferienalternativen nach eines jeden Gastes Sinn und Bedürfnis. Kein Wunder, daß einmal ein Brief, kurzerhand nur mit „Tante Anna, Oberammergau" beschrieben, seine Adressatin ohne viel Federlesens der Post erreichte. Ihre Korrespondenz, die sie mit Gästen auf Deutsch und in Englisch führte, meist zwischen den Mahlzeiten in einem stillen Winkel des sonst sehr lebhaften Speisesaals geschrieben, war meines Erinnerns beachtlich. Aus flüchtiger „Gastfreundschaft" mit Tante Anna wurde für einzelne Familien eine lebenslange Freundschaft. Wir Kinder hielten sie immer für sehr jung, weil sie lange Zeit bei der Nachfrage nach ihrem Geburtsjahr immer gelächelt hatte: „Ich bin 37." Denn ein bißchen eitel war sie schon, unsere Tante Anna!

Ich sehe sie vor mir. Dunkelblond, das wellige, feine Haar hinten geknotet, von jener Art Frau, deren Alter schwer anzugeben ist. Auch als sie in späteren Jahren am Stock gehen mußte, tat sie es mit aller Grazie und belächelte sich selbst, obwohl ihr das Gehen schwer genug gefallen sein mag. Ihre eigenen Schmerzen nahm sie nie so ernst wie die der anderen Leute. Sie war es, die mich bei der Nachricht vom Tod meines Mannes im letzten Weltkrieg bei der Hand nahm, in ein Zimmer führte, mir eine Decke über die Knie legte und nur sagte: „So – jetzt kannst du für dich weinen. Ich werde schauen, daß dich niemand stört."

Das war praktische Hilfe für eigene Trauerarbeit, und kein wohlfeiles Trostwort, das nichts ändert.

Immer liebte sie es, helle Farben zu tragen. Blau zumal. „Blau steht mir, es paßt zu meinen Augen." Den hellblauen Sommermantel, den ich ihr zum 80sten Geburtstag schenkte, trug sie bis zuletzt, ebenso wie ihre damenhaften Sommerhütchen – „nur für den Sonntag in die Kirche". Sie hielt etwas auf sich, sie ließ sich nie gehen. Als ich ihr einmal sagte, sie könne sich jetzt im Alter, wo sie nicht mehr so viel treppauf, treppab springen müsse, doch mehr nachgeben und länger zu Bett bleiben, meinte sie leichthin: „Wenn ich im Bett bleibe, dann könnt ihr mich für immer haben." Was heißen will: Dann müßt ihr mich pflegen, denn dann werde ich ein versorgungsbedürftiger Mensch, der euch zur Last fällt. Sie hätte ein Anrecht auf einen Alterssitz im Altenheim gehabt, gestiftet noch zu Lebzeiten unserer Eltern. Aber es schien ihr ganz und gar absurd, davon Gebrauch zu machen. Sich versorgen zu lassen als Tante Anna, nein, das kam überhaupt nicht in Frage für sie! Und so werkelte sie bis zu ihrem letzten Tag am 1. Mai 1966 immer noch ein bißchen mit, half hier und dort, richtete das Frühstück für die Gäste, polierte „das Silber" – wie sie nach guter Hotelmanier die Bestecke immer nannte –, versorgte die Wäsche des ganzen Hauses in Schränken und Schubladen.

Und redete jedem gut zu, der es brauchte. Hatte Zeit für ein Plauderstündchen, wenn ich nach dem Krieg von München nach Hause kam zum Wochenende. Sie kaschierte dies Zeithaben für mich, indem sie ihr eigenes Interesse daran hervorkehrte: „Du möchtest *auch* gern eine Tasse Tee, nicht wahr?" Hörte zu, fragte ab und zu nach, war völlig konzentriert auf mich.

Ach, wir liebten sie alle sehr! Selbst die größeren Brüder, von denen der Student zum Wochenende jahrelang meist mit einem oder mehreren Kommilitonen heimkam, verbreiteten ihren Ruhm.

Denn die Tante Anna konnte jeden Witz schlagfertig parieren, hatte Verständnis für die Lebensart der jungen Leute und lachte viel mit ihnen. Einmal schrieben ihr Tonis Kommilitonen zu ihrem Namenstag einen langen Liebesbrief in Latein, in dem sie Kirchengebete des St.-Anna-Tags hineinverarbeiteten. Ich habe noch alte Fotos von den Faschingsbällen in der

Familie, in denen sie biedermeierlich kostümiert erschien und Alt und Jung entzückte.

Sie hatte viele Freunde. Auch Geistliche zählten dazu, die wir natürlich alle kannten, gelegentlich auch etwas eifersüchtig betrachteten, denn wir hielten die Tante Anna in kindlichem Egoismus für unseren ureigensten Besitz. Warum sie eigentlich nie geheiratet hat, diese fröhliche, verständnisvolle, tatkräftige Natur? Waren denn die Männer ihrer Jugend alle blind? Wir Geschwister fragten uns das als Erwachsene später oft. Aber sie hat es uns selbst eingestanden, daß es einmal in ihrem Leben eine große Liebe gegeben habe, und sie aber diesem Mann schließlich doch nicht habe folgen wollen. Warum? Weil ihre Mutter, die bald nach ihrer Geburt sehr jung starb, die Tuberkulose gehabt habe. Und seinerzeit war die Meinung eben noch weit verbreitet, daß eine solche Krankheit im Erbgang an Nachkommen weitergegeben werde.

Trotzdem hat sie ihr Lebensziel weiterverfolgt, bei der Erziehung ihrer Neffen und Nichten mitzuhelfen, Gäste im Haus zufriedenzustellen, bei den vielen Bekannten und Freunden, die im Haus aus und ein gingen, für deren Wohlbefinden zu sorgen. „Sie ist die Seele Eures Hauses", haben mir schon zu ihren Lebzeiten mehrere gesagt oder geschrieben. Und das war keine Beeinträchtigung der Rolle meiner Mutter oder des Vaters. Es sagt aber sehr präzise aus, daß neben den vielfältigen Erwartungen an unser Elternhaus, die von außen herangetragen wurden und meist in Zusammenhang mit dem Passionsspiel standen, für die gleichbleibende Temperatur im Getriebe jemand sorgte, der unaufdringlich und immer präsent war: die

Tante Anna. Merkwürdigerweise hat sie selbst im Passionsspiel nie eine größere Rolle innegehabt, obwohl doch eine jede weibliche Rolle den unverheirateten Frauen, nach der patriarchalischen Tradition vorausgegangener Jahrhunderte, vorbehalten geblieben war! Das war sonderbar für mich als Kind, da ich ja noch Gelegenheit hatte, ihr spielerisches Talent zu bewundern bei den sogenannten Übungsspielen. Solche fanden statt zwischen den Passionsspieljahren. Oben beim Sattler-Wirt hat sie gleich nach dem Ersten Weltkrieg in meiner kindlichen Erinnerung eine wunderbare „römische Lady" gespielt: mit Perlen im hochgetürmten Haar und Goldspangen an den Armen. (Es wird sich um eines jener biblischen Stücke gehandelt haben, die von Vereinen oder von der Gemeinde zur Einübung von Sprechen und Spielen durch jüngere Bürger Oberammergaus aufgeführt wurden.) Und da das Spielen und Singen, das Musizieren auf mehreren Instrumenten bei den Ammergauer Kindern allzeit hoch in Kurs war, war es selbstverständlich, daß die Tante Anna für die Erhaltung des Familienbrauchs sorgte. An Weihnachten mußten wir für die lieben Eltern und näheren Verwandten etwas darstellen, was den Sinn dieses großen Festes verdeutlichen konnte. Sogar als wir Mädchen bereits in einem Institut gelandet waren, versandte die Tante Anna noch handgeschriebene Rollensätze an uns mit der Aufforderung, sie bis zu den Weihnachtsferien gut zu studieren. Einmal hatten wir unter ihrer Regie etwas Anspruchsvolles von der Handel-Mazzetti aufzuführen. Mein Bruder Toni war damals Student in Göttingen, aber auch er bekam seine Rolle als Hirt verpaßt. Aber damals haben wir die liebe Tante Anna tief enttäuscht und endgültig desillusioniert. Wir mußten nämlich bei der Aufführung wegen des komisch aussehenden Hirten und des mehlweißen Gesichts meiner jüngeren Schwester so sehr lachen, daß wir das feierliche Stück abbrechen mußten.

Dies war das Ende der „Laienspielbühne Tante Anna & Co.".

Singen konnte sie nicht. Das hat der Rest der Familie gern an ihrer Statt übernommen. Dafür konnte sie aber wunderbar erzählen. Sie hat uns in Dialektreimen alte Fabeln, erzählt vom alten Prälaten Daisenberger vor hundert Jahren, schon von Kindesbeinen an vorgetragen. Und sie hatte Stoff genug, der nie zu Ende zu gehen schien. Sie war nämlich in späteren Jahren viel gereist, nachdem sie ihre Mädchenzeit in England als Hausangestellte verbracht hatte. Einmal in Indien, ein andermal sogar in Südafrika, verbrachte sie halbe Jahre mit einer englischen Freundin und deren Familie. Ich sehe noch lebhaft vor mir, wie sie von indischen Affen erzählte, die sich von ihren Bäumen herunterschwingen, um aufgestellte Opferschalen, Früchte und Reis zu sich herzuholen, oder von Rikschafahrern, die in Bombay im Schweiß ihres Angesichts mit schwergewichtigen Personen dahertraben mußten. Wir lachten sehr über ihre Fotos aus Capetown von Badeständen, wo sie als Nichtschwimmerin fröhlich watend im Baumwollanzug, züchtig bis unters Knie, das warme Wasser ausprobiert.

Unerschöpflich schien der Schatz ihrer Gebete. Einige davon sagte sie uns kleinen Schulmädchen während des morgendlichen Kämmens auf. „Geh, oh

Heil'ger Engel mein / für mich in die Kirch hinein. Knie Dich an meinen Ort und hör die Heilige Messe dort. usw., usw." und „Zu Dir erwach ich, liebster Gott" als Morgengebet. Bei Gelegenheit des Zöpfeflechtens hörte ich dann oft von ihr seufzend den Spruch „wie's Haarla so's Marla" (Wie das Härchen, so das Mädchen). Übrigens gab es eine ganze Reihe anderer Lebensregeln, mit denen uns von Tante Anna gutes Verhalten und rechtes Leben nahegebracht wurden. Nicht so sehr durch kurzgefaßte Gebote, sondern durch Sprichwörter wurde früher einmal erzogen, lang bevor es eine Wissenschaft von der Pädagogik gab.

Eindrucksvoll war mir ihre Lebensweisheit damit umschrieben, daß sie oft zitierte: „Man fängt mehr Wespen mit einem Löffel Honig als mit einer Flasche voll Essig." Uns drei Töchtern hat sie so ganz beiläufig, aber ständig wiederholt: „Ein Mädchen soll nicht solange müßig gehen, wie eine Taube das Korn aufpickt". Dies Wort, mit einem Blick auf meine leeren Hände, sollte mich wohl daran gemahnen, daß ich auf meinem Weg durchs Haus nicht genügend darauf geachtet hatte, ob da irgend etwas unterwegs hätte in die Küche mitgenommen werden können, etwa ein Tablett vom Frühstück der Gäste, oder ob ein offenstehendes Fenster hätte geschlossen werden müssen. Aber auch „durchs Reden kommen d'Leut zusammen" war ein Zuspruch Tante Annas, der praktischen Lebenssinn weitergab. Oder „Ein jedes Ding hat zwei Seiten". Dazu hat sie mir in ihren alten Tagen einmal fast verschämt eingestanden: „Weißt du, manchmal glaub ich, ich hätt' keinen Charakter. Ich versteh nämlich die Menschen, wenn mir einer was von sich erzählt. Aber ich versteh auch ganz gut den anderen Teil, über den er sich beschwert. Ich versteh einfach zuviele Leute! Und dann sag ich lieber nichts, als etwas zu behaupten, was mir gar nicht so sicher vorkommt." Ja, die Tante Anna hat die Menschen trotz ihrer Mängel – die eigenen eingeschlossen – verstanden und sich kein richterliches Urteil über sie angemaßt. Nein, Politikerin hätte sie mit dieser Einstellung nicht werden können. Schon deshalb nicht, weil sie allen Verteufelungen einer anderen Seite völlig abhold war, „A jed's Ding hat zwei Seiten": eben!

Das Sprichwort „Man soll die Feste feiern, wie sie fallen" hat sie zu überraschenden Einfällen inspiriert. Sie fand nicht nur im Lebenslauf eines jeden Menschen immer Grund genug, sondern auch bei geringeren Ereignissen. Genau wie Matthias Claudius es in einem Gedicht tut, feierte sie den ersten sonnigen Frühjahrstag und die erste Schneeflocke, das Zeugnis der Kinder, das Heimkommen vom Internat, später das Wohlgefühl nach einer Massage bei sich selbst, einem erhaltenen Freundesbrief usw.

Solche Feiern wurden bei ihr meist mit einer Tasse besten Tees zelebriert.

Liebe Tante Anna! Wieviel Lebenswissen verdanke ich Dir! Du hast es mir mitgeteilt in Gestalt von Zuspruch und Gebeten, von Schweigen und in Sprichwörtern, von Zupacken und Feiern. Deine Deutung der frohen und traurigen Familienereignisse als Fügung Gottes, der uns immer liebt als seine Kinder, ist in mir haftengeblieben, auch wenn ich später meine eigenen Erfahrungen gemacht habe und überhaupt

Kind einer damals schon beginnenden „neuen Zeit" war. Ich kenne mich leider weniger gut als Du aus in Sprichwörtern und bete auch nicht mehr meine erlernten Kindergebete mit meinen Enkeln. Das wäre nicht mehr die richtige Sprache für sie, außerdem tun das die Eltern meiner Enkel selbst. Aber ich habe für mein „Hier und Jetzt" vieles gelernt, was ich in meinem Alter brauchen kann. Dazu gehört etwa, daß Grundsätze nicht mit Sturheit verwechselt werden, sondern auch als Ausdruck für Verläßlichkeit und Stabilität eines Menschen gewertet werden sollten. Modische Trends, weltanschauliche oder politische, konnten Deinen innersten Kern nicht verändern, das merkten wir vor allem in der Nazizeit, liebe Tante Anna. Du ruhtest – o heiliger Widerspruch! – deshalb so fest in Dir selbst, weil Du Dich so abhängig wußtest von Gottes Hand. Möge das auch einmal von uns altgewordenen Neffen und Nichten gesagt werden können, die in einem noch komplexeren Gesellschaftsgefüge als Du und in einer immer rasender verlaufenden Zeit das Ende dieses Jahrhunderts vor sich sehen.

Ziehende Landschaft

Man muß weggehen können
und doch sein wie ein Baum:
als bliebe die Wurzel im Boden,
als zöge die Landschaft und wir ständen fest.
Man muß den Atem anhalten,
bis der Wind nachläßt
und die fremde Luft um uns zu kreisen beginnt,
bis das Spiel von Licht und Schatten,
von Grün und Blau,
die alten Muster zeigt
und wir zuhause sind,
wo es auch sei,
und niedersitzen können und uns anlehnen,
als sei es an das Grab
unserer Mutter.

Hilde Domin

Allein, verwitwet, geschieden, unverheiratet

Es regnet nicht nur seit Wochen, sondern seit drei Monaten. Trotz des sommerlichen Monats ist es kühl, es muß wieder geheizt werden. Solche Tage lassen eine heitere Stimmung nicht aufkommen. Von der Witterungsabhängigkeit älterer Frauen auf die Stimmung ist ja einiges bekannt. „November-Schwermut" nennen sie das. Die Familie ist heute morgen für Kurzferien über eine Woche verreist. Ich habe zu nichts Lust. Klavierspielen hilft schon lange nicht mehr, weil ich das Spielen wegen der Unbeweglichkeit einiger Finger aufgegeben habe. Ich höre Hiobsbotschaften im Radio und schalte ab. Ich kann das jetzt nicht ertragen. Nicht an einem so trostlosen Tag. Weil mir nichts gelingt, schalte ich das Fernsehen ein. Es handelt sich um einen Film aus den 50er Jahren. Damals hat mich der Hauptschauspieler noch ungeheuer fasziniert. Jetzt scheint er mir matt wie der ganze Film. Ich schalte bald wieder ab.

„Lieber Gott", denke ich. „Laß das Regnen aufhören, laß mich wieder ein paar Stimmen von draußen hören, gib, daß mich jemand anruft!" Nein, ich bin nicht gerade verlassen, aber ich fühle mich einsam. Wie ein Heer von Fliegen umsummen mich heute schwarze Gedanken.

Auch das gab es schon in früheren Jahren manchmal. Es gab die Einsamkeit der Urlauberin inmitten einer Reisegesellschaft, die ihr bis zum Ende der Reise völlig fremd blieb. Einsamkeit auf einer gesellschaftlichen Veranstaltung inmitten von Paaren. Einsamkeit unter alten Bekannten, wenn man plötzlich wahrnimmt, daß die eigene politische Meinung mit der Mehrheit nicht mehr übereinstimmt. Ähnliches kennt ein jeder und eine jede.

Diese Stimmung des Alleinseins muß nichts Tragisches an sich haben; denn nicht jedes Alleinsein bedeutet schon ein schweres Schicksal.

Wenn ich Altersgenossinnen frage, wovor sie am meisten Angst hatten, bevor sie älter wurden, kommen folgende Äußerungen häufig: „Daß ich meinen Mann bald verliere" – „daß die Kinder aus dem Haus gehen und wegziehen" – „daß ich krank und gebrechlich werde" – „daß ich meinen Verstand nicht mehr gebrauchen kann". Nur selten werden politische Ängste geltend gemacht, z. B. „daß die Welt im Atomkrieg zugrunde geht". Meist bleiben es persönliche Verlustängste, die geäußert werden. Der Gedanke an eine künftige Einsamkeit wird dann zum Grundthema.

Es gibt einen erschütternden Film der großartigen alten Schauspielerin Berta Drews aus ihren letzten Lebensjahren, „Allein in einer Mansarde". Es handelt sich um den Monolog einer herzkranken Siebzigerin in Berlin, mit Erinnerungen an den verstorbenen Mann und die ständige Sehnsucht nach dem in Bayern lebenden Sohn. Enttäuschung über die mangelnden Kontakte mit ihm, Krankheitserlebnisse, auch die Freude über den regelmäßigen Besuch einer Nachbarin, Todesvorstellungen – und trotzdem immer wieder ein Aufleuchten der Hoffnung bilden den Inhalt des Films. Auch Ersatzhandlungen, die dem unerfüllten Verlangen nach einem lebendigen Gegenüber entspringen, kommen vor. Die alte Frau spricht mit einer kleinen Stoffigur auf dem Sofa anstelle eines Gesprächspartners.

Diesen Streifen habe ich in den 70er Jahren öfters Gruppen von Aussiedlerfamilien aus Oberschlesien gezeigt. Die alten Frauen haben mit tränennassen Augen gemeint: „So ist es, genau so – wenn man wieder allein ist." Man möchte beinah glauben, daß der Typus „einsam und verlassen" Kennzeichen für alle alten Frauen sei. Die Sozialwissenschaften freilich wissen es anders. Sie halten es für ausgemacht, daß die Umwelt das Selbstbild des alten Menschen in hohem Maße mitprägt. Learned incapacity = erlernte Hilflosigkeit ist eines dieser fatalen Fremdbilder, die alleinstehenden älteren Frauen leicht aufgeklebt werden. Wer ständig von seiner Mitwelt als einsam und arm gekennzeichnet und entsprechend bemitleidet wird, der hält sich über kurz oder lang selbst dafür. Diese zugeschriebene Eigenschaft ist es gerade, die in der älteren Frau die Unfähigkeit stabilisiert, mit sich selbst zurechtzukommen. Wer sich im Alter immer nur in der Rolle der unglücklichen, vom Leben ausgeschlossenen Frau sieht, verliert Lust und Fähigkeit, Verantwortung für sich selbst zu übernehmen. Diese Frau gibt leicht auf. Dank einer unglücklichen Wechselwirkung verliert dann auch oft die Umwelt ihre Motivation, sich mit ihr weiterhin zu befassen. Dann wird aus Alleinsein aller Wahrscheinlichkeit nach Isolierung. (Übrigens hat der amerikanische Psychologe Watzlawik treffend, aber bissig die Bemerkung gemacht: „Unglücklich sein kann jeder, aber sich unglücklich machen will gelernt sein, dazu reicht die Erfahrung mit den paar persönlichen Malheurs nicht aus" (Paul Watzlawik, Anleitung zum Unglücklichsein, München 1986).

Heute sind in der Bundesrepublik in meinem Alter zwei Drittel aller Frauen alleinstehend. Bei den über 75jährigen sind es noch mehr. Für die Wiederverheiratung älterer Frauen (selbst wenn diese es gern möchten) ist die Chance wesentlich geringer als für Männer. Der Volksmund meint, daß Frauen sich leichter arrangieren, während die Männer sich in diesem Fall sehr viel schwerer tun. Aber aus welchen Gründen ältere Frauen allein bleiben – ob aus freien Stücken oder weil es ihrem eigenen Willen entsprach: es mag jedenfalls viele Zeiten im Leben geben, wo ihnen die „Decke auf den Kopf fallen" will. Die emotionelle Seite des Alleinseins drängt sich meist viel stürmischer vor als die materielle. Die beklagen viele Witwen, denen die Gemeinschaft eines längeren Lebens an der Seite ihres Partners mit seinen Höhen und Tiefen nicht nur Sicherheit gab; viele werden das Leben zu zweit auch dankbar und beglückt erfahren haben. Immer wieder gibt es noch solche Fälle. Wenn nun dieses enge Band der ehelichen Gewöhnung im Alter zerreißt, wird bei Witwen häufig erst deutlich, wie sie sich unwillkürlich an eine Jahrhunderte übliche Rollenteilung in der Ehe angepaßt haben. Es gibt viele von ihnen, die jahrzehntelang des Umgangs mit allen Behörden enthoben waren; die dem heute üblichen Alltagsverkehr mit öffentlichen Stellen ängstlich ausweichen; denn all dies hatte ja bis zu seinem Tod der Mann im Alleingang besorgt. Die Witwe kennt kein Scheckbuch, sie hat nie eine Steuererklärung anfertigen müssen, weiß nichts über die Ausfüllung komplizierter Formulare. Sie ist nach dem Tod ihres Mannes auf einen völlig neuen sozialen Anfang verwiesen.

Arrangieren sich Frauen wirklich so viel leichter als Männer? Dies scheint mir ein Vorurteil zu sein. Jenseits der erwähnten Ursachen von sozialer Inkompetenz älterer Frauen fällt mir auf, wie selbstverständlich bei älteren Menschen beiderlei Geschlechts von ihrer fehlenden Sexualität geredet wird. Das ist beunruhigend und zugleich empörend, weil diese wichtige menschliche Ausstattung, die Sexualität, älteren Menschen nicht mehr zugestanden werden soll. Sexualität wandelt sich bekanntlich in ihren Formen im Laufe eines Lebens. Aber wie schwer sich in unserer Kultur das Bedürfnis nach Intimität, nach gegenseitiger Beglückung von Mann und Frau, nach Zärtlichkeitsgesten verständlich machen läßt, ist wohl einmalig. Jede Andeutung von Freundschaft älterer Paare, die nicht (mehr) verheiratet sind, wird strikt verpönt oder lächerlich gemacht. In Altersheimen habe ich traurige Geschichten darüber von alleinstehenden Frauen gehört. Sie bilden in solchen Häusern ja immer die Mehrheit; daraus erklärt sich auch das hohe Ausmaß von Eifersucht der Bewohnerinnen untereinander, das sofort zu erwarten ist, wenn eine andere von einem der wenigen männlichen Mitbewohner bevorzugt wird. Wenn er ihr kleine Liebenswürdigkeiten erweist und sie sich für den gemeinsamen Spaziergang chic macht, wird dies zum Anlaß spöttischen Getuschels.

Mag sein, daß die an Selbständigkeit gewöhnte Frau der Verlust der eigenen Rente im Fall einer Wiederverheiratung schreckt. Dann unterbleibt manchmal eine formale Eheschließung; wohl aber können manche Paare in einer durchaus eheähnlichen Gemeinschaft, in gegenseitiger Zuneigung und Treue bis zum Tode miteinander leben. Aber sie können eine öffentliche Anerkennung ihrer Lebensgemeinschaft nicht mehr erlangen.

Auch Witwen mit Kindern klagen über Verluste und Einsamkeit. Manchmal freilich wird die Klage auch zur Gewohnheit. Manchmal wird das Verlangen nach Anschluß an die eigenen Kinder überstark. Im allgemeinen freilich hat der Realitätssinn der Generationen sich zwar, aufs Ganze gesehen, im Laufe der Zeit durchgesetzt. Das Bedürfnis, mit den verbliebenen Familienangehörigen Tisch und Dach, Werktage und Feiertage zu teilen, ist erfahrungsgemäß geringer geworden, weil auch die Sensibilität für jeweils verschiedene Bedürfnisse von Alt und Jung zugenommen hat. Die oft kaum zu stillende Sehnsucht allein lebender Frauen im Altersheim oder in ihren Ein-Personen-Haushalten konzentriert sich daher meist auf die Wochenenden, wo sie Besuch von Kindern und Kindeskindern häufiger als sonst erwarten. Um so tiefer die Enttäuschung, wenn sogar die Kontakte bei näher wohnenden Anverwandten nicht mehr wahrgenommen werden und schließlich auch Telefonate und Briefeschreiben abgebrochen werden.

Und wie ist es um die Unverheiratete im Alter bestellt?

Vor mir liegt der Brief einer heute 81jährigen Freundin, unverheiratet, Gemeindehelferin und Fürsorgerin von Beruf, in der ländlichen Diaspora Bayerns lebend. Sie konnte lange Zeit über die Pensionierungsgrenze hinaus noch Religionsunterricht für jüngere Kinder geben. „Bei uns ist momentan der Fasching ausgebrochen. Am Donnerstag waren die Grundschulkinder da, am Freitag die Ministranten und heute, am Rosenmontag, kommt die Jugend! Natürlich gibt das allerhand Unruhe – aber wenn die Jugend am Rosenmontag lieber ins Pfarrhaus geht als anderswo hin – dafür nimmt man etwas in Kauf!

Weißt Du, es wäre für mich natürlich leichter, nicht mehr in die Schule zu gehen, wenn man in erreichbarer Nähe einige Menschen wüßte, mit denen man sich gelegentlich treffen könnte – es müßte ja nicht ständig sein! Aber hier ist wirklich niemand, mit dem man gern verkehren würde. Mein Bruder ist wohl in der Nähe und kommt, wenn nicht gerade strenger Winter ist, jede Woche einmal zum Kaffee heraus. Aber unsere Interessen gehen schon sehr auseinander; er hat ja auch die Familie seiner Tochter. – Langeweile habe ich aber deshalb nie – es gibt erstens immer noch genug für mich zu tun – und dann haben wir ja alle, wie Du schreibst, immer eine Menge Interessen gepflegt. Ich lese viel, immer schön abwechselnd einmal ein deutsches, ein englisches und ein französisches Buch (momentan den Bericht über das Leben von Guardini) – aber ganz ersetzt einem das doch den Kontakt mit den Menschen nicht. Diese Woche war ich zu einem Lehrerfest eingeladen – so ein übliches gemeinsames Mittagessen anläßlich eines Jubiläums –, da kam mir das wieder zum Bewußtsein. Dabei waren die Unterschiede im Alter und in den Ansichten groß – aber vielleicht gerade deswegen auch sehr anregend. So teile ich mit einem sehr „linken" Lehrer das Interesse für Geschichte, und wir tauschen oft Bücher und Meinungen aus. Mit der Zeit muß ich mich natürlich allein zurechtfinden. Das gehört wohl zum Altsein, daß man einsamer wird."

Und noch ein Brief erreichte mich erst kürzlich. Er stammt ebenfalls von einer älteren Frau Mitte der 50er, Katechetin. Eine Vorruhestandsregelung scheint auch hier bevorzustehen, wenngleich nicht aus betrieblichen Gründen. Diese Freundin, die bis vor 10 Jahren intensiv in der Jugendarbeit tätig war, lebt jetzt auf einem kleinen Dorf mit der Mutter in einem eigenen Haus. Das Dorf ist recht abgelegen, und daher hat sie nunmehr wenig Anschluß an Freunde. In den letzten Jahren war sie mehrmals schwer erkrankt. Ihre Gesundheit hat sich jetzt aber etwas gebessert. Doch berichtet sie in ihrem Brief besorgt vom Zustand der Mutter. „Mutter geht es inzwischen besser nach ihrem Schlaganfall. Sie ist nicht mehr gelähmt, kann auch wieder sprechen – aber sie kann nicht mehr allein sein. Sie hat panische Angst davor. Ins Pflegeheim wollte ich sie noch nicht geben, und so habe ich mich vom Dienst beurlauben lassen – auch für das nächste Schuljahr. Wir schränken uns eben ein bißchen ein. Wichtig ist, daß sie in ihrer Angst nicht alleingelassen wird. Natürlich fehlen mir die jungen Menschen, aber meiner angeschlagenen Gesundheit tut die Ruhe auch gut. So denke ich, daß ich mich richtig entschieden habe, und vertraue fest darauf, daß der Herrgott auch weiterhin hilft."

Beide Briefe zeigen, daß Alleinsein verschieden erlebt werden kann. Aber beiden ist der Verlust der Beziehungen im Alter doch schmerzlich geworden. Doch sie sind entweder beweglich genug, um sich neuen Aufgaben zuzuwenden, so daß aus diesem Mangel Gewinn entstehen kann. Oder sie tun einfach das Nächstliegende, nehmen dies als Fingerzeig wahr, daß Unvermeidliches hingenommen werden muß, und halten stand, anstatt zu fliehen. Übrigens würden mich beide Freundinnen auslachen, wenn ich ihnen bedauernd sagen würde, mit ihrer Vorentscheidung für einen bestimmten Beruf sei damals schon das spätere Alleinsein vorprogrammiert worden. Bis vor kurzem war es ja tatsächlich üblich, daß die Angehörigen aller kirchlichen Frauenberufe sich damit für den zölibatären Lebensweg entschieden haben. Meist galt ähnliches für die Frauen in pädagogischen und sozialen Berufen im weltlichen Bereich. Solche Frauenberufe waren einmal gleichbedeutend mit Ehelosigkeit. Meine beiden Freundinnen würden dazu sagen: „Ja – aber wir durften ja damals wählen! Wir wurden nicht gezwungen!" Sie stehen auch heute zu dieser Entscheidung, ohne Klage und ohne Reue. Sie tragen nüchtern das Risiko der damaligen Wahl, auch jetzt im Alter. Und keine von ihnen sagt mit salbungsvollem Pathos, das sei eben „das Risiko des Christseins".

Einige Bekannte aus meiner Jugendzeit sind später in eine gemeinsame Wohnung gezogen, auch im Hinblick auf ihr Älterwerden. Besonders harmonisch ist mir das Zusammenwohnen zweier Frauen in Erinnerung, die kurz nach dem Krieg mit mir in der Flüchtlingsverwaltung der Bayerischen Landesregierung tätig waren und bis heute, lange nach ihrer Pensionierung, zusammen leben. Beide waren Flüchtlinge, die eine Kriegerwitwe, die andere unverheiratet. Sie hatten beide nach den Kriegserlebnissen in Berlin zusammengefunden. Die Tragfähigkeit für eine Wohngemeinschaft hatten sie nicht nur in vielen Bombennächten geprüft, sondern auch bei gemeinsamen Urlauben und an Wochenenden danach. Dann wagten sie die gemeinsame Mietwohnung als Teil ihrer weiteren Lebensplanung. – Es ist denkbar, daß solch ein Experiment bei gewissenhafter Selbstprüfung und Auswahl der Partnerin gelingt. Freilich dürfte das vermutlich im Lauf der Jahre immer schwerer werden. Vielleicht ist dies der Grund, warum es relativ wenig Gemeinschaftswohnungen unverheirateter Frauen gibt: sie fangen zu spät an, sich mit einer solchen Idee zu befreunden.

Auch die geschiedene, alleinlebende ältere Frau kennt die Vereinsamung, das Stigma der Aussonderung aus dem anscheinend vorgebahnten Lebenskreis. Die gesellschaftliche und kirchliche Beachtung der geschiedenen Frau, ihrer geänderten sozialen Verhältnisse, ihrer schwierigen Neuorientierung – mit und ohne Kinder – ließ früher noch viel mehr als heute zu wünschen übrig. Der Bekanntenkreis hat sich auch seinerzeit bei der Scheidung meist verändert. Der Ring des Schweigens um die geschiedene Frau wurde von Jahr zu Jahr drückender.

Ausgesondert finden sich auch die chronisch kranken älteren Frauen, die daheim oder in einer Institution versorgt werden. Auch ertaubte und erblindete Frauen fühlen sich ausgestoßen aus einer sogenannten „gesunden" Gemeinschaft. Selten finden sich ja Menschen, die lange Zeit hindurch geduldig an ihrer Seite die Stunde abwarten möchten, wo sie von ihrer Last selbst zu sprechen beginnen.

Und es gibt die alten Alkoholikerinnen, die sorgsam Glas und Weinflasche im Schrank versteckt halten, weil sie nicht anders über das Elend ihrer schwarzen Stunden hinwegkommen.

Und schließlich gibt es eine Schwermut, gemischt aus Angst und Trauer, Einsamkeit und Verzweiflung, die schwer zu bestimmen ist, weil sie oft unabhängig von einer realen Situation einherkommt. Es ist eine Einsamkeit, von der ich annehme, daß sie nicht nur mich ab und zu einholt. Vielleicht ist sie vom Alter unabhängig. Nicht der geliebteste Mensch und die treueste Freundin können vor Stunden völlig bewahren, die voller Traurigkeit über den unvernünftigen Zustand dieser Welt und über die Vergeblichkeit so viel guten Willens sind. „In der Welt habt ihr Angst" (Joh. 16,33). Dahinter freilich kommt eine Verheißung.

Es regnet immer noch. Jetzt, am anderen Tag, da ich dies zu Ende schreibe, ist meine innere Eintrübung von gestern leichter geworden. Ich erinnere mich, daß ich ganz unbewußt ein Mittel gegen diese Stimmung angewandt habe, die in einer ähnlichen Lage meistens half. An die frische Luft gehen – tief ein- und ausatmen – früher wohl auch schwimmen gehen. Oft hilft mir einfach der Schlaf, der alte Problemlöser. (Es ist gut, einen Leib zu haben, wenn die Seele sich nicht mehr erheben will!)

Im nachhinein kommt mir die Erkenntnis, daß meine gestrige Einsamkeitsangst wohl einen ganz realen Hintergrund hatte. Die Sorge um Kinder und Enkel, im Verkehrsstau auf regennasser Straße und langer Fahrstrecke, hatte mich überwältigt. Der Impuls, das Nächstliegende zu tun und mir Gewißheit über die glückliche Ankunft am Zielort durch ein Telefongespräch zu holen, war die Lösung!

Mir scheint, Gott hilft uns manchmal durch uns selbst zur Befreiung von Ängsten.

Tunnel

zu dritt
zu viert
ungezählte, einzeln
allein
gehen wir diesen Tunnel entlang
zur Tag- und Nachtgleiche
drei oder vier von uns
sagen die Worte
dies Wort:
„fürchte dich nicht"
es blüht
hinter uns her.

Hilde Domin

Und dann das Letzte ganz allein tun …

5.2.1987. Heute nachmittag um 2 Uhr ein Telefonanruf aus den USA von meiner Nichte Elisabeth: Mein Bruder Toni ist gestern abend gestorben, allein, in seinem gepflegten Pflegeheim auf dem Land in Virginia, in der Nähe einer seiner Töchter und ihrer großen Familie. Er war 85 geworden, ein Parkinsonpatient mit vielen unerfreulichen sonstigen Begleiterscheinungen des verbrauchten Organismus, mit Blasen- und Harnleiden und zunehmender Gehunfähigkeit. Elisabeth meinte, er sei ganz ruhig gestorben, nachdem er die letzte Woche schon völlig apathisch dagelegen war und keine Zeichen irgendeiner Anteilnahme mehr gegeben habe, als sie ihn zuletzt besuchte.

Sein Tod war schon lange vorauszusehen gewesen. Mir kam dieser Gedanke zum ersten Mal ein Jahr nach seiner Emeritierung von der Universität, einer berühmten Jesuitengründung im Osten. Damals lebten die Langs noch in ihrem begrünten Haus am Park zusammen, und die Ehefrau wunderte sich, daß er kein Buch mehr las und keine Veranstaltung seiner Kollegen besuchte wie vorher. Und als sie dann schwer erkrankte und nicht mehr zu Hause versorgt werden konnte, brach er völlig zusammen. Im Pflegeheim nahmen Müdigkeit und Gehbeschwerden überhand, verletzte er sich einige Mal durch Hinfallen, weil er von Anfang an darauf bestanden hatte, ohne Stock in den Gängen und auf den zementierten Gartenwegen herumzuwandern, wortlos, grußlos. Die Teilnahme an seiner Umwelt und das Interesse am eigenen Leben waren, als ich ihn zuletzt aufsuchte, längst dahin. Er schrieb uns nicht mehr. Er hatte schweigend seinen alten Weg verlassen und ist ohne Abschied von seinen Kindern und den Geschwistern weggegangen. Er ist der erste Tote unter uns sechs Geschwistern, die wir daheim ungefähr bis in unser drittes Jahrzehnt gemeinsam aufgewachsen waren. Er wird nie wieder zurückkehren zu uns aus dem geheimnisvollen Land, in das er hineingedämmert zu sein scheint.

Armer lieber Bruder! Wie sehr magst du gelitten haben in den letzten acht Lebensjahren – mehr als wir alle! Da war deine Krankheit, der herzzerreißende Verlust der Frau an ein Pflegeheim für unheilbar Kranke, die Einbuße der Stimme und die Unfähigkeit, deine Hände für die Schreibmaschine zu benutzen, als die Kraft aus deinen Fingern wich. Da war der Wegfall der Freunde und Studenten nach 40jährigem Lehrberuf. Einer nach dem andern blieb aus, erinnerte sich deiner nicht mehr. Mag sein, daß solches Verhalten in der nordamerikanischen Kultur noch ausgeprägter als bei uns anzutreffen ist. Aber es hat mich tief befremdet zu sehen, wie Leid – gleich einer ansteckenden Krankheit – „abschreckt", wie solch „nahem Leid" aus dem Wege gegangen wird. Vielleicht tötet der Druck übermächtiger, sensationeller, sich überschlagender Weltereignisse, welche die Medien täglich in unsere Haushaltungen bringen, die Sensibilität für den armen Lazarus vor unserer Tür ab? Vielleicht können wir dünnhäutig gewordenen Menschen den zunehmenden Verfall eines geistig tätig gewesenen Mitmenschen einfach nicht ertragen, denn er erinnert zu sehr an die Veränderung, die heimlich drohend auch hinter unserer Tür wartet. Fürchteten sie sich vor seinen tiefliegenden, fragend blickenden Augen in einem abgemagerten Kopf, der zwar alles noch wahrnehmen, aber auf nichts mehr antworten konnte? Hatten sie nicht den leisen Verdacht, daß hinter dieser alten Stirn sich noch viele Gedanken bewegten, auch wenn die Dauer für die Formulierung eines Satzes dem ungeduldigen Besucher viel zuviel Zeit nahm? „Davon hat man ja nichts mehr!" „Haben" will man vom Andern, doch weniger mit ihm teilen bis zum bittern Ende! Als wenn Beziehungen zu Ende gehen müßten, weil dem einen Partner der stimmliche Ausdruck für ein gelungenes Sich-einander-Mitteilen abhanden gekommen ist!

Ich denke zurück, lieber Bruder. Du warst in deiner Jugend und bis in die letzten gesunden Jahre hinein der lebenslustigste von uns Geschwistern, strotzend von Heiterkeit und Witz, der niemals zynisch war. In geselliger Runde wirkte deine bloße Anwesenheit ansteckend auf unsere Fröhlichkeit. Freilich konntest du von heute auf morgen auch in abgrundtiefe Traurigkeit absinken, in tiefe Melancholie über das, was du als Übel dieser Welt ansahst; Unvernunft des menschlichen Handelns, in der Politik vor allem. Du warst grundkonservativ allen Mächten in Kirche und Staat gegenüber, und ich habe mir angewöhnt, dich darüber reden zu lassen, wenn ich dir nicht beipflichten konnte. Gegensätzliche Meinungen waren kein

Grund für Geschwisterstreit. Der Humus unserer Grundüberzeugungen war zu dicht, als daß unterschiedliche Sichtweisen einer Situation oder eines Problems uns entzweit hätten.

Nun bist ausgerechnet du, unser lebhafter Bruder Lustig, an deinem Lebensende vom Leid heimgesucht worden. Zuletzt hingst du ausgespannt an deinem Kreuz in einem beinahe buchstäblichen Sinn: mit steifen Gliedern, beinahe empfindungslos geworden. Ich kann nicht umhin zu denken: wie ähnlich jenem Jesus von Nazareth, an den auch du geglaubt hast! Ich erinnere mich noch an dein mühsames Gestammel, von langen Schweigeminuten unterbrochen, als wir an deinem Ruhebett vom Sterben sprachen, von unseren gegenseitigen Hoffnungen als Angehörige der gleichen älteren Generation. „Meinst du?“: Er sagte es fragend und nicht abweisend.

Leiden – leiden! Aber wozu? Bei Jesus von Nazareth, unserm Meister, so hören wir zumindest, hatte es einen „Sinn“: er hat sich damit in einem letzten Akt hineinbegeben in den Willen seines Vaters, der über ihn total verfügen konnte. Aber „weiß“ ich es wirklich? Wußte Jesus es so sicher, als er sein unbegreifliches Wort „Mein Gott, mein Gott, warum hast du mich verlassen?“ hinausschrie?

Es empört mich heute abend zutiefst, daß du, mein Bruder, so überschüttet wurdest mit Leiden an deinem Lebensende, weil ich dessen inneren Zusammenhang nicht verstehe. Noch nicht. Vielleicht werde ich eines Tages begreifen, warum das alles so war, warum wir übrigen Geschwister noch weiterleben, während du jetzt tot bist.

Ich möchte morgen nichts hören von dem billigen Trost „Aber das war doch das Beste für ihn!" Hätte er denn nicht auch, heiter und unbesorgt wie in früheren Jahren, sein Alter genießen können? Hätte er nicht, wie wir es heute so oft hören, „ein Anrecht" darauf gehabt? Aber es gibt kein einklagbares Recht, weder gegen die Mediziner noch gegen eine andere irdische Institution, noch gegen Gott. Ich höre die Stimme des klagenden Ijob. Ich sehe den Ackermann aus Böhmen vor mir, den meine Freunde aus Böhmen oft zitiert hatten in den Jahren nach dem letzten Weltkrieg: „Bei trübem Trank, auf dürrem Ast, betrübt, schwermütig weinend bleibe ich und klage ohne Unterlaß. Also treibt mich der Wind, ich schwimme dahin durch des wilden Meeres Flut, die Wogen haben überhand genommen, mein Anker haftet nirgends. Darum will ich ohne Ende schreien: Tod, Euch sei geflucht!"

Nein, der Tod bleibt etwas Unbegreifliches, und nichts hält seinen Schrecken auf, schon gar nicht das Wissen von seiner Unausweichlichkeit. Seit ich älter bin, denke ich täglich bewußt an den Tod. An meinen eigenen. Oft stelle ich mir dann vor, unter welchen Umständen ich wohl sterben werde. Und da ich dieses Unverfügbare nicht selbst bestimmen kann und weder Zeit noch Ort in der Hand habe, versuche ich von Zeit zu Zeit wenigstens meine Wünsche zu formulieren für mein Sterben.

Ich möchte nicht so allein sterben wie mein Bruder Toni. Nicht so fremd in einem Krankenhaus oder Heim, sondern umgeben von einigen lieben und mir vertrauten Menschen.

Ich möchte eigentlich bei klarem Bewußtsein sterben, auch wenn das vielleicht schmerzlicher sein mag als ein Hinüberdämmern mit einem Narkoticum. (Aber wer weiß denn, ob ich den Schmerz aushalten kann und ob für ein menschenwürdiges Sterben das stille „Hinüber-Gehen" nicht das Bessere wäre?) Ich habe ein Patiententestament gemacht und nahe meinem Bett hinterlegt, um zu vermeiden, daß ich bei einer aussichtslosen Krankheit (z. B. schwere Dauerschädigung des Gehirns) oder bei irreversibler Bewußtlosigkeit eine Reanimation erfahren müßte. Der Vorgang des Sterbens soll nicht verlängert werden. Ich will „gesammelt" sterben. Das soll bedeuten, daß ich mich darauf konzentrieren möchte, denn das Wichtigste hat Vorrang. Nicht rastlos und ruhelos, nicht ständig aufgescheucht von ganz unwichtigen Dingen. Nicht einmal abgelenkt durch Begrüßungen und Unterhaltungen mit Menschen, die mir's gut meinen. (Der liebe alte P. David S. J., den ich hochverehrte, soll in seiner letzten Krankheit einen freundlich gemeinten Telefonanruf abgewehrt haben mit den Worten: „Jetzt laßt mich. Ich bin nämlich mit Sterben beschäftigt.")

Ich möchte in den letzten Minuten die Hände meines Sohnes, seiner Frau, vielleicht eines Freundes halten dürfen, weil mir ihre Wärme guttun wird und ich ihre Berührung nötig haben werde, um zu sterben.

Ich möchte noch ein Wort wagen können über mein Hoffen und Lieben, selbst wenn ich mich nicht mehr verständlich machen kann. Hoffen und Lieben, ausgesöhnt mit allen, die vor mir und neben mir lebten. Versöhnt mit Gott, dessen letztes Zeichen einer allerbarmenden Aufnahme an sein Herz mir vielleicht noch gewährt wird, heiliges und heilendes Öl auf Stirn und Fuß und Hand?

Werde ich noch hören können, daß da um mich herum Menschen beten:
„Nimm unsere Schwester gnädig auf in die Freude deines Reiches!
Auch um ihretwillen bist du
in deinem Erbarmen auf die Erde herabgekommen.
Mag sie auch gesündigt haben,
so hat sie doch den Vater, den Sohn und
den Heiligen Geist *nicht* geleugnet;
sie hat geglaubt
und Gott, den Schöpfer von allem, gläubig verehrt"?

Aber selbst wenn Reden oder Gehörtwerden wesenlos geworden sind für mich in dieser letzten Stunde, so möge es mich nicht anfechten in meiner Zuversicht. Denn jetzt ist das Ende allen Sprechens als Medium zwischen den Menschen da. Jetzt ist jede Schranke am Zerbrechen, und das Verstehen glänzt übermächtig dahinter hervor. Und es wird deutlich werden, daß jedes Sprechen immer schon letztlich ein „Sich-Verhalten auf ein Verborgenes hin" gewesen ist (so Romano Guardini). Und dies Verborgene wird endlich wesentlicher werden als aller äußere Schein.

Nicht mutig

Die Mutigen wissen
Daß sie nicht auferstehen
Daß kein Fleisch um sie wächst
Am jüngsten Morgen
Daß sie nichts mehr erinnern
Niemandem wiederbegegnen
Daß nichts ihrer wartet
Keine Seligkeit
Keine Folter
Ich
Bin nicht mutig.

Marie Luise Kaschnitz

Alte und neue Freunde

Als ich vor vielen Jahren einmal in einem Krankenhaus lag, brachte mir ein Besucher als Geschenk ein Kinderbuch mit. „Ein Freund ist jemand, der Dich gern hat", so hieß der Titel des kleinen Buches. Ich besitze es heute nicht mehr, es scheint die Umzüge nicht überstanden zu haben. Aber ich erinnere mich, daß das Kinderbüchlein mich seinerzeit sehr beschäftigt hat, weil es klein und groß auf recht bedeutsame Inhalte der Freundschaft hinwies. Erstens: Es können Menschen und Tiere sein, die dich gern haben. Zweitens: Oft erkennt man Freunde nicht gut, weil man ihre Art, uns zu mögen, nicht recht versteht. Und drittens: Freunde muß man manchmal suchen. – Noch heute weiß ich die allerletzten Zeilen, die so lauteten:

„Manche haben viele Freunde – manche haben ein paar Freunde. Aber jeder in der ganzen weiten Welt hat bestimmt *einen* Freund" (Joan Walsh Anglund).

Ich mußte heute wieder an diese Kindergedichte denken, weil ich einer Frau in meinem Alter begegnet bin, die einen kleinen Hund als Begleiter auf ihrem Spazierweg hatte. Es war kein Rassetier aus gutem Hause, eher eine kleine Promenadenmischung. Aber dennoch rührte es mich an, daß die Frau mit dem Tier, das munter neben ihr herwedelte, wie mit einem kleinen Kind sprach; sie lobte, warnte, teilte ihm ihre Begeisterung für das frische Grün am Wegrand mit.

Es gibt sicher bei einigen Menschen eine tiefe Harmonie zwischen Mensch und Tier, einen franziskanischen Umgang mit dem anderen Geschöpf, das dem Menschen zur Lust und Freude und damit auch zur Geselligkeit geschenkt wird. Das scheinen vor allem jene alten Leute zu spüren, die sich allein fühlen und sich den guten, verständnisvollen Freund und Begleiter Hund für ihre alten Tage zulegen. Dann kann das Tier wohl eine Ersatzfunktion für einen Menschen übernehmen, und es steht niemandem an, darüber zu lachen. Denn der Verlust guter Freunde beim Altwerden ist eine Erfahrung, die uns tief unter die Haut geht. Jeder schwarz umränderte Brief, der mir ins Haus kommt, erfüllt mich mit der beängstigenden Frage: „Welcher meiner alten Freunde wird es diesmal sein?" – Und ich rühre einen solchen Brief oft ein paar Stunden lang nicht an, ehe ich mir seinen Inhalt zu Gemüte führe. Nein, der Tod verschwindet mir nicht aus dem täglichen Bewußtsein. Er steht mit seiner Botschaft sozusagen täglich vor meiner Tür.

Nur der ältere Mensch macht in solcher Dichte und in solchem Umfang Trauererfahrung. Alle Älteren unter uns kennen das Erlebnis des sich wiederholenden Abbruchs oft lebenslanger persönlicher Beziehungen. Sie haben es meist so häufig erlebt, daß sie Zeit brauchen, um nach einem Freundestod damit zurechtzukommen. Alte Gemeinsamkeiten von Schul- und Jugendfreunden stehen vor dem inneren Auge wieder auf. Es sind Ideale, die miteinander geteilt wurden, Erfahrungen aus der gleichen Wegphase, die einmal gemacht worden sind: Studium, Hochzeit, Familie, Berufs- und Arbeitswelt, persönliche Krisen, Kulturerlebnisse, gesellschaftliche Unkultur, Krieg. Das ganze Netzwerk der jeweiligen Mit-Welt ersteht vor mir, wenn ich an gewisse alte Freunde denke. Bei einer lieben Kollegin sind es auch ihre Geschwister, die ich ebenso angenommen hatte wie sie mich; bei einem befreundeten Ordensmann ist es beinahe der ganze Konvent, dem ich freundschaftlich verbunden war und blieb; bei einer amerikanischen Jugendfreundin ist es die Tochter und ihr Mann, die mir ans Herz gewachsen sind, als wären sie ein Teil meiner eigenen Familie. Und bei den alten Freunden aus der Jugendbewegung ist es ohnehin keine Frage, daß ihr ganzer Anhang auch mir im Laufe der Zeit vertraut wurde.

Ich brauche meine alten Freunde dringend. Ich habe sie nötig für die Überprüfung meiner Meinung an der ihrigen, auch für die Konfrontation! Ich brauche sie für den Austausch von Eindrücken: Was sind die heutigen Herausforderungen aus Geschichte und Gegenwart? Ich habe sie nötig zur Korrektur meiner eigenen Urteile, die sich ja sehr oft in meinem Leben als Vorurteile entpuppten, erworben durch meine Erziehung, übernommen durch imposante Formulierungen anderer Köpfe, wiederholt zur Rechtfertigung eigenen Verhaltens. Die Gemeinschaft mit Bekannten, die andere soziale und heimatliche Hintergründe, die ein anderes Glaubensbekenntnis hatten oder aus anderen Kulturen stammten, hat mein ganzes Leben bereichert. Schon in der Kindheit hatte ich solche Bereicherung durch die vielen deutschen und ausländischen Besucher des Passionsspiels in unserem Elternhaus erfahren. Sie hatten meine Jugend farbig ausgestattet und mir deutlich gemacht, wie sehr das Fremde auch reizvoll und interessant sein kann, und wie sehr es gerade den werdenden Menschen zur Lebensorientierung verhelfen kann.

Später erweiterte sich mein Blickkreis um neue Horizonte durch die Freunde aus Böhmen, Prager Studenten und Studentinnen zumeist, die mir, der nationalstaatlich denkenden Reichsdeutschen, erst in concreto verstehbar machten, wie ein gemeinsamer Boden Vaterland – ohne historische Prioritätenstreitigkeiten und in verschiedenen Integrationsformen – von mehreren Nationalitäten und Kulturen genützt werden könnte zum Besten aller. Sie ließen mich teilnehmen an ihrem Denken und Entdecken, auch an Verwirrungen und Niederlagen, weil die Stunde für solche zukunftsträchtigen friedlichen Problemlösungen schon vorbei war, als ich jene Freunde kennen und lieben lernte.

Nach dem Krieg habe ich in der Gemeinschaft des Internationalen Gral einen Ort dauerhafter Freundschaften gewonnen. Ich erfuhr bei der internationalen Begegnung mit anderen suchenden Frauen, daß die Anziehungskraft dieser afrikanischen, brasilianischen oder asiatischen Frauen nicht nur ihr persönlicher Charme ausmacht, sondern daß sie Vorzüge und Mängel der eigenen Kultur deutlicher ins Bewußtsein bringen.

Gerade jetzt brauche ich die Gemeinschaft anderer Christen. Ich bedarf der Solidarität mit anderen Frauen, damit mein Glaube leibhaft werden kann und das bewirkt, was Gott, der Grund meiner Lebenszuversicht, mit unserer Heimholung durch die Taufe wollte. Die gemeinsame Feier der Eucharistie ist deshalb eine wahre Zelebration dieser unserer gemeinsamen Hoffnung auf die Befreiung durch unsern Herrn, sie ist Besiegelung und Lobpreis Gottes, der sich auch in unserer Gemeinschaft manifestiert. Eine Eucharistiefeier ohne *Freunde* zum Loben und Danken: Das ist für mich von je her ein schwer erträglicher Gedanke!

Wo es Freunde in meinem Leben gab, da war Vertrauen und Liebe da. Das schloß nicht immer Enttäuschung aus. Je tiefer das Vertrauen zueinander, desto schmerzlicher der Bruch, wenn der eine oder beide nicht mehr zueinander finden konnten. Ich habe solche schmerzhaften Operationen mitgemacht. Es ist schäbig, nachher Ausflüchte zu suchen und nach der Schuld des anderen Teils Ausschau zu halten. Auch die Schuldzuweisung an das eigene Herz hilft mir nicht viel weiter. Das Mea-culpa kann wohl entsühnende Kraft haben, aber es kittet nicht automatisch den Sprung. Der Schmerz bleibt, die Verletzung, die Narbe. Die eigene und die fremde Sensibilität für Verwundbarkeiten ist aber nicht nur eine Last, sie kann auch etwas Kostbares sein, weil sie von einem wachen Herzen Zeugnis gibt, das aufmerksam diese geschaffene Welt wahrnimmt. Und diese Welt stellt sich dar als eine Mischung von Freude und Leid, von Schönheit und Häßlichkeit, von Güte und Feindseligkeit, von Einsicht und Unverstand. Ich kann nie das eine ohne das andere haben. Das Risiko bleibt.

Viele *alte* Freunde für mein Alter also! Mitten in der Nacht neulich einen Telefonanruf aus Island zu bekommen, ist solch ein Freundesereignis. Oder als Geburtstagsüberraschung das Zustandekommen eines wunderschönen festlichen Mittagessens in einem von allen geschätzten Dorfwirtshaus bei Innsbruck! Oder ein Stiftungsjubiläum. Man möge solche „Veteranentreffen", wie wir sie insgeheim etwas spöttisch nennen, nicht verachten. Die alten, immer neu geknüpften Bande halten vieles aus in schweren Zeiten. Da kommt am Abend noch der Anruf eines alten Freundes, daß seine Frau ins Pflegeheim gebracht werden müsse. Da stirbt nach einer gemeinsamen Veranstaltung über Nacht der Ehemann einer Freundin. Aber sie darf mit ihrem Schmerz sich aufgefangen wissen in der warmen Anteilnahme und tatkräftigen Hilfeleistung ihrer Freunde. Die Pflege solcher alten Beziehungen sollte man sich etwas kosten lassen. Wer als Motor fungiert, um alte Freunde immer wieder zusammen zu bringen, der bedarf ebenfalls der Unterstützung. (Auch Freundeskreise leben von den „Kanalarbeitern"!) Wer jahrelang Verbindungen nicht aufrecht erhält, darf sich nicht wundern, wenn sein Leben vereinsamt. Freundschaft ist wie eine Pflanze, die der ständigen Pflege bedarf – also oft auch des gemeinsamen „Begießens" in festlichen Stunden!

Ein tröstlicher Gedanke beim Älterwerden ist, daß die gelichteten Schneisen unserer früher so zahlreichen Freundschaften aufgeforstet werden können. Ich behaupte, daß sich neue Freunde gewinnen lassen, wenn einer nur will. Er muß sie suchen! Das ist der Preis neuer Beziehungen. Es stimmt nicht, daß der ältere Mensch dazu unfähig sei. Wohl aber fliegen ihm neue Freundschaften nicht mehr so selbstverständlich zu wie in jüngeren Jahren, weil sein Bezugsfeld sich ja verändert hat mit der Pensionierung.

Als ich mit beinahe vierzigjährigem Bürgerrecht in der lieben bayerischen Landeshauptstadt umzog ins Rheinland, schüttelten nicht nur die Möbelpacker den Kopf. „Wie kann man nur …!" Ich beruhigte alle meine zurückbleibenden Freunde, daß ich auch künftig – Dank sei den Seniorenkarten der Bundesbahn – gelegentlich mit ihnen zusammenkommen wolle. (Wie voreilig! Wie viel tägliche Notwendigkeiten kamen solchen Versprechungen wieder dazwischen!) Ich verwies auf die modisch gewordenen Rundbriefe unter Freunden. (Wenn allzu viele wenigstens einmal im Jahr einen ausführlichen Bericht erwarteten?) Inzwischen freilich häufen sich auf meinem Schreibtisch um die Weihnachtszeit solche mehrseitigen hektographierten Bulletins – Wichtiges will jeder schließlich etwas ausführlicher erläutern! – und ich verwünsche angesichts dieser Schriften bereits meinen Vorschlag! Denn jetzt benötige ich mehrere Tage ungestörten Schreibens und Urlaubs, um sie alle gebührend individuell zu beantworten!

Die Angst vor der Leere, vor der Entfernung von Freunden, hat mich dennoch – den Bundespostministern sei Dank! – nie so ernsthaft berührt, weil einer von ihnen ja den Abendtarif des Telefonamtes erfunden hat. Und weil ich die Schreibmaschine eher schlecht als recht bearbeiten kann, gerate ich je länger je mehr in Zweifel, ob ich meinen besten Freunden mit meinen handschriftlichen Briefen einen Gefallen tue. Dies besonders, nachdem ein lieber älterer Bruder in den USA mir vor ein paar Jahren kurz nach der ersten Begrüßung brüderlich-brutal eröffnete: „Du hast die schlechteste Schrift der ganzen Welt!" Weil eben richtige Briefe bei mir so eine lange Zeit brauchen, schreibe ich meistens per Hand nur kurze Postkarten allgemeinen Inhalts – aber präzise formuliert! Im Gegensatz zu solch schriftlicher Kommunikation, die ich nur sehr mangelhaft betreibe, liebe ich das Telefonat. Das Gegenübersein, der individuelle Gesichtsausdruck, den mir kein Telefon vermitteln kann, der Gestus, alles, was die unverwechselbare Persönlichkeit wiedergibt, kann ich zwar auch hier nicht haben. Aber ich kann aus der Stimme eines Freundes, einer Freundin immer noch herausspüren, wie sie sich fühlen, was sie von mir halten, was sie über Zeitläufe denken. Ich stelle mir oft dabei vor, ich sei blind und nur mehr aufs Gehör angewiesen: Welches Glück, daß die akustische Verbindung noch bleibt!

Ein paar Freunde des letzten Jahrzehnts sind aus der jüngeren Generation. Es handelt sich um einige ehemalige Studenten. Ich bin mit ihnen nach langjährigem, wenn auch meinerseits nur unregelmäßig betriebenem Briefwechsel sozusagen wider Willen ins Duzen hineingeraten. (Die rasche Art der Jugend, sich mit jedem halbwegs Gleichaltrigen gleich so kumpelhaft anzureden, hat mich bis heute eher befremdet!) Aber bei einigen Jüngeren ergab es sich, daß aus Schülertreue Freundschaft mit der älteren Dozentin wurde – übrigens lange nach dem Studienabschluß.

In der mittleren Frauengeneration meiner neuen Umgebung habe ich einige Freundschaften geschlossen nach mehrjähriger Zusammenarbeit in Erwachsenen-Bildungsveranstaltungen. Das Hin und Her von vorbereitenden Treffen, nicht nur im Büro der benachbarten Regionalstelle, sondern auch bei mir zu Hause an sommerlichen Nachmittagen auf der Terrasse, war schön. Es ist heute noch mehr als nur eine übliche Arbeitskameradschaft. Ich merke das an der Anteilnahme bei Krankheit und aus ganz unkonventionellen, kleinen Beweisen des Gedenkens, des Hinweises auf literarische Neuerscheinungen, der Einladung zu Veranstaltungen.

In der Nachbarschaft unseres Dorfes habe ich viele Bekannte. Geburtstagsbesuche der älteren Herrschaften in meiner Straße, auf die mich das Pfarrbüro aufmerksam macht, Treffen in der Gemeinde, im ökumenischen Friedenskreis, bei Wanderungen im Heimatverein bringen mich mit neuen Gesichtern zusammen. Da bin ich allmählich kein Gast mehr. Wie unlängst ein Landsmann freimütig in einem köstlichen Büchlein schrieb: „Wenn man einander kennt, weiß, was man gern ißt und trinkt, worüber man – und sei es am Küchentisch – in Ruhe miteinander reden kann: das sind keine Gäste ... mehr, sondern Freunde, liebe Bekannte und als solche selbstverständlich kein Problem" (Karl Heinz Seidl, Frisch geklagt ist halb gelitten, Freiburg 1985). Man trifft sich, man redet ein wenig mit dem Nachbarn, bis die Glocke – manchmal ist's auch nur ein kurzer Knarrton – im Innern anschlägt und man sich sagt: „Aha, das ist also der oder die! Auf dies Thema müssen wir das nächste Mal zurückkommen – oder ihm aus dem Weg gehen, je nachdem! –"

Nein, Freunde *gewinnen* ist in einem langen Leben nicht so schwer. Freunde *behalten* ist schon etwas mühseliger, vor allem, wenn nur künstliche Systeme wie Schrift, Telefon, in zwanzig Jahren vielleicht der Computer uns die Verbindung ermöglichen. Neue Freunde gewinnen, indem man über die schattige Markierungsmarke der höheren Lebensjahrzehnte hinüberspringt in den jüngeren Bereich, ist das unerwartete, das wahre Geschenk! Denn durch die Berührung mit dem Leben der Jüngeren bleibe ich selbst lebendig, und indem sie an meinem Leben teilnehmen, wachsen auch sie einer neuen Stufe des Lebens entgegen.

Blätter

Wer Blätter herabgeweht
Auffängt
Fügt den Sommerbaum
Doch nicht zusammen
Die vom Steinwurf zerbrochene Scheibe
Stellt sich nicht wieder her
Nur ein Wort und ein Wort und ein Wort
Wahllos aus dem Sprachnetz gerissen
Zueinandergeschleudert
Umarmen sich
Sind sogleich eine
Sind eine Welt.

Marie Luise Kaschnitz

Warum ich nicht in einen Altenclub gehe

Ich habe in einer etwa 35jährigen Berufsarbeit viele Altentreffs kennengelernt, die unter den verschiedensten Bezeichnungen in Deutschland gang und gäbe sind. Eine Altenarbeit, die von der Generation der Senioren selbst getragen wird, hat sich im kirchlichen Bereich offenbar in den letzten 20 Jahren noch nicht allgemein durchgesetzt, obwohl es auch Ausnahmen zu geben scheint, vor allem in größeren Städten. Wenn ich die mir bekannten Altentagesstätten Revue passieren lasse, tauchen bei mir gleich eine Reihe von Fragen auf.

Warum sind unsere Altentreffs nur von Frauen besucht?

Ich möchte auch im Alter nicht nur mit den Geschlechtsgenossinnen Geselligkeit pflegen! Wer lange im Beruf gestanden oder auf andere Weise mit vielerlei Menschen Umgang gepflegt hat, der möchte den Kontakt zu Männern, das Gespräch und die gemeinsamen Freizeitaktionen mit ihnen nicht missen, wenn das Berufsleben zu Ende geht. Eine Gemeinsamkeit beim Altwerden trägt dazu bei, diese Jahre zu bereichern. Ich finde es belustigend, daß in den sogenannten pfarrlichen Altenclubs die Herren in gesonderte Skatrunden abmarschieren, die Frauen sich aber zur

Kaffeerunde einfinden und sich ein bis zwei Stunden mit Small Talk durchaus gut unterhalten. Ohne einen solchen Kaffeeklatsch gering einzuschätzen, kann ich mir nicht vorstellen, daß ich wöchentlich an einer solchen Runde teilnehmen könnte. Vielleicht habe ich wirklich besondere Ansprüche? Ich weiß durchaus, daß ein Altentreff nicht ein Bildungswerk ersetzen kann und will, aber ein wenig mehr Zeit und Anstrengung für die Programmgestaltung können viele Verantwortliche es sich schon kosten lassen!

Sind die „alten Leute" unserer Gemeinde wirklich alle über einen Kamm zu scheren?

Das Programm, das ich ab und zu erlebt habe, scheint sehr von der Vorstellung bestimmt, daß es sich bei „alten" Leuten um einen Einheitsbegriff handelt. Tatsächlich aber gibt es unter unserer Generation nicht nur Menschen in den unterschiedlichsten Lebenssituationen, sondern auch mit recht unterschiedlichen Bedürfnissen. Wer in eine Altenveranstaltung geht, ist entweder verheiratet, ledig, verwitwet oder geschieden. Er kann gerade vor der Pensionierung stehen, oder bereits viele Jahre „in Rente" sein. Möglicherweise mag die Witwe jetzt versuchen, Anschluß an andere zu finden, den sie früher nie für nötig erachtet hat, als viel „Familie" um sie herum war. Es kann aber auch sein, daß eine Frau in Pension geht, die sich nur mit Mühe vorstellen kann, daß sie demnächst *auch* unter den Grauhaarigen sitzen wird, die sie im Vorbeigehen in der Altenstube einer Pfarrei wahrgenommen hat. Der Wahn, daß Altern an einem selbst vorübergehe und nur die anderen davon betroffen werden, hält sich ja hartnäckig bei vielen Berufstätigen unter uns. Nicht, daß ich die Altenstube verachte, um das deutlich zu sagen. Ich kann mir vorstellen, daß sie ganz wichtig, ja vielleicht sogar unerläßlich ist für ältere Frauen, die ihr Leben lang „nur für die Familie da waren". Sie tun sich ja oft nach dem Tod des Mannes besonders schwer, können von sich aus kaum einen Schritt auf andere zu machen und getrauen sich nicht, eigene Vorstellungen über ihr zukünftiges Leben irgendwo einzubringen. Da sind die Frauen, welche bei ihrem Ausscheiden aus dem Beruf auf eine längere Arbeits- und Berufserfahrung zurückblicken, weit weniger gehemmt. Sie erwarten, daß ihre eigene kritische Meinung zu vielen Dingen gehört werde, auch zum Programm von Altentreffs. Und sie bleiben einfach weg, wo eine solche Mitsprache offenbar unerwünscht ist. Ich gehöre dazu.

Könnten ältere Leute nicht selbst stärker für die Mitarbeit herangezogen werden, als dies weithin zu geschehen scheint?

Ich meine, daß unsere Altentreffs an Anziehung gewinnen würden, wenn aus Gründen der Werbung nicht nur auf Glanzpapier gedruckt würde, daß „unsere Altenstube Sie gerne betreut". Ich hätte lieber, daß es hieße: „Wir *brauchen Sie* und Ihre Talente"! Wie viele verborgene oder auch bekannte Begabungen gibt es auf den verschiedensten Gebieten, in denen Kopf und Hand in Anspruch genommen werden müßten! Sie könnten herausgefordert werden für den Betrieb des Altenclubs, zur Gestaltung seines Programms, darüber hinaus aber für notwendige andere

Aufgaben, wozu jedes Mitglied einer Gemeinde, ganz unabhängig vom Alter, benötigt wird. Erst dort, wo Menschen nicht nur Rechte genießen, sondern als Bürger auch auf ihre Pflichten angesprochen werden, nimmt man sie wirklich ernst. Auch kann die Verschiedenheit der Erfahrungen und Talente sich erst dort entfalten, wo Raum dafür geboten wird. Im Altenclub könnte das Programm reich und praxisnah ausfallen, wenn auf die spezifischen Fähigkeiten der Besucher geachtet würde. Denn so wäre der Veranstalter unabhängiger von auswärtigen „Referenten". Es gäbe mehr Eifer und Spaß an einem solchen Dienst für alle, wo solches Mittun als selbstverständlich erlebt werden könnte.

Muß eine so umfassende ‚Bemutterung' da sein?

Das überfürsorgliche Getue so mancher Veranstaltungen für alte Leute geht mir auf die Nerven. Alles ist bis ins Detail ausgetüftelt und besorgt, abgezählt und verwaltet durch haupt- und nebenamtliche Mitarbeiter. Das mag für total Pflegebedürftige durchaus sinnvoll sein, aber die wenigsten der 60- bis 70jährigen Besucher werden sich schon als invalide oder schwachsinnig empfinden, so daß ihnen jeder einzelne Schritt bereits vorgegeben werden muß! Ist nicht schon genügend lange nachgewiesen, daß die Mehrheit der unter 80jährigen durchaus noch zu selbständigem Denken und Handeln fähig ist?

Ist der Altentreff schon der Anfang vom Ende?

Viele ältere Menschen scheinen den Altentreff als eine Vorstufe für unausweichliche, traurige Veränderungen in der Altersphase anzusehen. Sie tun so, als ob der Beitritt zu einem Altenclub notwendigerweise in einem Altenheim enden müsse. Vom Altenheim aber führe der Weg des alten Menschen dann nur mehr auf den Friedhof.

Eine solche Kette von Ereignissen trifft aber in der Wirklichkeit nicht zu. Auch ältere Menschen haben es doch ganz in der Hand, ob ihre Veranstaltungen eine Gelegenheit zu gegenseitiger Ermutigung und Lebensfreude für gemeinsame Stunden abgeben, oder ob sie zu Stunden gegenseitigen Bemitleidens und Jammerns werden.

Brauchen wir überhaupt noch einen „Altenclub"?

Ich sehne mich also keineswegs nach Sonderveranstaltungen für alte Leute in unserer Gemeinde. Im Gegenteil bin ich ganz zufrieden mit dem, was ich seit meinem Umzug hier in unserer eher kleinstädtischen Kirchengemeinde vorgefunden habe und was sich jedes Jahr neu anbietet. Ich wurde aufgefordert, bei Krankenhausbesuchsdiensten in der Stadt die Beratung der Besucherinnen mit zu übernehmen. Ich finde hier Veranstaltungen zur religiösen Bildung vor, die mir Mut machen mitzureden. Ich vermisse auch nicht die Gemeinschaft von Gleichaltrigen, weil ich von unserer Stadt aus glücklicherweise noch ein paar alte Jugendfreunde unschwer mit der Bahn erreichen kann.

Ich habe also auch deshalb keine Sehnsucht nach eigenen Altenveranstaltungen, weil ich genügend Kontakte zu anderen Menschen habe. Das ist mir als ein großer Vorzug meiner Situation immer bewußt. Andere jedoch mögen den Altenclub für nützlich halten, weil sie ihre Interessen oder Bedürfnisse anders gar nicht befriedigen könnten.

Mir aber ist im Lauf meines Lebens immer deutlicher die gegenseitige Verwiesenheit der Generationen aufeinander deutlich geworden. Ich möchte daher auch beim Älterwerden es weiterhin so halten und mich nicht separieren in ein Ghetto.

Ich möchte mitmachen dürfen bei allem, was in der Gemeinde Alt und Jung gleichermaßen angeht, und ich weiß, daß das vielen Älteren ein Anliegen ist. Junge Frauen sagen uns deutlich, daß die Separierung der Lebensinteressen von Mann und Frau unangemessen sei und auch von den fortschrittlichsten Feministinnen nicht mehr als Ideal gesehen wird. So ist mir auch die säuberliche Trennung von Jung und Alt nicht sympathisch. Ich möchte mich einschalten in ein Gespräch mit der jüngeren Generation und davon nicht ausgeschlossen werden als eine, die das nichts mehr anzugehen hat. Ich fand es beispielsweise lächerlich, als ich neulich beim Warten in einem Pfarrbüro unserer Stadt eine Einladung des Männerwerks las zu Fragen der Kernenergie. Warum werden hier Frauen nicht ebenfalls eingeladen, in einer Frage, die für die Existenz vieler Menschen wichtig ist? Warum gibt es Veranstaltungen, deren Leitung die Kühnheit besitzt, Menschen ab 60 Jahren „aus methodisch/didaktischen Gründen" vom Besuch eines Seminars auszuschließen, wie ich es unlängst im Programm für eine ökologische Tagung an der Schulungsstätte einer renommierten süddeutschen Partei las?

Umweltfragen, Friedensfragen, Fragen der Menschenrechte sind brisante Themen heute und entscheiden die Zukunft der Welt – also auch meine eigene. Allenthalben ist zu hören, daß die Erfahrungen, die wir an die Enkelgeneration weitergeben – etwa solche aus dem letzten Krieg –, bereitwilliger angehört werden als von der Generation der eigenen Kinder. So darf diese Stimme, die Vergangenheit aus eigenem Leben lebendig machen kann, nicht untergehen, sondern muß das Gespräch mit den Jüngeren immer wieder befruchten. Auseinandersetzung mit der Vergangenheit, Vergangenheitsbewältigung, die nur im eigenen kleinen Kreis geschieht, aber nicht gleichzeitig ehrliche Antwort auf drängende Fragen anderer Generationen ist, ist keine Lösung. Darum plädiere ich heute mehr als vor 15 Jahren für ein Miteinander von Alten und Jungen, für die Gemeinsamkeit des Suchens und Fragens nach Sinnlösungen angesichts unserer gemeinsamen Zukunft.

Ich fühle mich dort wohl, wo ich zulasse, daß Jüngere mich etwas fragen und ich zurückfragen darf. Ich bin mir bewußt, daß sie von mir nicht Belehrung erwarten, sondern Mitdenken und in mancher Hinsicht auch praktische Solidarität. Solange ich eine solche noch leisten kann, will ich sie ihnen nicht verweigern.

Teilhaben

Mit neuen Gedanken
alt werden
Jungbleiben
an uralten Gedanken
Teilhaben
am unsterblichen Leben
unsterblichem Sterben.

Rose Ausländer

Die unbefangene Kompetenz der älteren Frauen

„Ach nein, da bin ich nicht kompetent – ich bin ja nur eine Hausfrau!" Wie oft habe ich solche Bemerkungen von Bekannten und Unbekannten gehört, welche die Herausforderung zur gegenseitigen Mitteilung in einem gemeinsamen Gespräch damit ablehnten! Sie gehörten zu meiner eigenen Generation, die schon viele Lebensjahrzehnte hinter sich gebracht hat. Aber sie gestehen sich selbst kein Urteil zu, wenn es um Fragen geht, die nicht gerade die Familie betreffen. Das Selbstbewußtsein – ganz besonders der nicht erwerbstätigen Frau – hat sich immer noch nicht zu jener Unbefangenheit entwickelt, die für Frauen eines jeden Berufs- und Familienstandes heute nötig wäre.

Frauen, die gerade noch vor dem Ersten Weltkrieg geboren wurden, erfahren heutzutage oft eine besonders scharfe Beurteilung hinsichtlich ihrer Befähigung, bestimmte persönliche Rechte zu wahren oder entsprechende Pflichten zu erfüllen. Ihnen wird vorgeworfen, daß sie nie gelernt hätten, für sich selber einzutreten, Entscheidungen zu treffen, Verantwortung für sich zu übernehmen, für ihr Alter einen eigenen Lebensplan aufzustellen. Daher seien sie auch kaum zuständig für irgendwelche Aufgaben, welche für die Öffentlichkeit von Bedeutung sind. Und wo Befähigung fehlt und Zuständigkeit jemandem abgesprochen wird, hat unsere Sprache dafür die Bezeichnung „mangelnde Kompetenz".

Es ist sehr leicht einsichtig zu machen, warum eine solche globale Kennzeichnung einer ganzen Generation von Frauen so großen Beifall findet. Das alte Rollenbild der „richtigen" Frau, die sich nur zu Hause betätigen soll, die Zurückhaltung zu üben hat und unselbständig sein muß, wenn sie nicht in den Ruf der Unweiblichkeit geraten will, hat sich ja in jahrhundertealter Tradition gefestigt und ist, wie alle solche beständigen Wertvorstellungen, nicht über Nacht aufzuweichen. Anpassung an die Wünsche der Umgebung, Unterordnung oder frageloser Gehorsam gegenüber der Autorität der Eltern gehörte in der Kindheit dieser Frauen auch zu anerkannten Verhaltensmustern. Oft wurde dieser Gehorsam zur einzigen bürgerlichen Tugend emporstilisiert. Selbstsicherheit, Erwachsenwerden aus dem Bewußtsein des eigenen Wertes können auf solchem Boden nicht gedeihen. Bei vielen Frauen kommt hinzu, daß sie nach dem Ersten Weltkrieg aufgrund schlechter wirtschaftlicher Allgemeinsituation gar nicht in die Lage kamen, sich einer rechten Berufswahl zu stellen. So blieb für viele, die im Krieg in vielerlei Produktionszweigen tätig gewesen waren, die Rückkehr in die Familie unausweichliches Los.

Trotzdem bin ich der Meinung, daß die Frage nach der weiblichen Kompetenz im Alter unvoreingenommener geprüft werden sollte. Ich vermute, daß eine solche Überprüfung ein besseres Ergebnis als die genannten Vorurteile erbringt.

Unsere westliche Kultur hat eine merkwürdige

Blüte erzeugt, die beim Vergleich mit anderen Völkern deutlich auffällt. Diese merkwürdige Verhaltensvorschrift erlaubt uns nicht, daß ein Mensch sich selbst für „o. k." hält, für schön, für liebenswert. Sie will nicht, daß er es anderen gegenüber zugibt. Wir setzen uns vor anderen eher herunter, wir finden sehr rasch zu einem Understatement, so als ob wir anderen mit einem womöglich negativen Urteil zuvorkommen wollten. Es ist viele Male in psychologischen Tests bewiesen worden, daß es den meisten von uns schwerfällt, schriftlich oder mündlich etwas Gutes über sich auszusagen, wenn ausdrücklich danach gefragt wird. Zunächst äußern Probanden in der Regel ihre Unfähigkeiten oder ihre Begrenztheiten und teilen ausführlich mit, was sie alles *nicht* können. Es löst meistens große Verwunderung aus, wenn an die Fähigkeiten der einzelnen erinnert wird: Es kann eine Gabe sein, die die Schöpfung einem in die Wiege gelegt hat und die weiterentwickelt wurde. Es kann eine Eigenschaft sein, die in einem oft mühsamen Lernprozeß im Laufe des Lebens erworben wurde. Irgend etwas hat bekanntlich jeder Mensch, was ihn von andern unterscheidet. Mindestens eine positive Seite läßt sich an mir entdecken, mag ich auch sonst vom vollkommenen Menschenbild weit entfernt sein.

Warum nur gebe ich das so selten zu und nehme an mir nicht die liebenswürdigen Gaben wahr, sondern eher die Schattenseiten? Manchmal meine ich, daß eine solche Einstellung uns selbst gegenüber mit jener buckligen Demut zu tun hat, die wir im Verlauf einer falsch verstandenen Kindererziehung erworben haben. Wir halten unsere vielfältigen Gaben, die wir zu verschenken haben, oft scheu zurück, weil wir ihrer Bedeutung für uns selbst und andere nicht trauen, weil wir sie nicht als Bereicherung verstehen können. Das können praktische Fähigkeiten oder bestimmte Geistesgaben und musische Talente sein. Es kann sich um eine bestimmte innere Haltung in entscheidenden Lebenssituationen handeln, die sich so eingeschliffen hat, daß sie uns selbst nicht mehr bewußt wird. Warum machen viele Frauen von diesen ihren guten Gaben nicht den einzig würdigen Gebrauch, den ihre auf Ganzheitlichkeit angelegte Natur so nahelegt? Die „Schattengaben" bleiben ja trotzdem sehr wahrscheinlich bestehen. Mit der Feststellung, daß ich etwas besonders gut mache, etwas Besonderes kann, wird ja nicht ausgeschlossen, daß ich andere Dinge nicht so gut fertigbringe. Auf solchen Gebieten fühle ich mich dann weniger gut und erkenne meine Grenzen. Mit zunehmenden Jahren werden mir solche Begrenztheiten bewußt; es gehört bekanntlich zu den Kränkungen im Alter, daß bei vielen Älteren der Überdruß an sich selbst zunimmt anstelle der Einsicht, daß ein „halbleer" scheinendes Glas ja gleichzeitig auch „halbvoll" genannt werden kann.

Neben solcher Zurücksetzung unserer Gaben durch uns selbst macht uns Älteren heute noch anderes zu schaffen. Es ist beispielsweise die überflüssige Hochachtung vor der Wissenschaft. Es ist richtig, daß Wissenschaftlichkeit als Charakteristikum unseres Jahrhunderts alle anderen Phänomene übertrifft. Sie beeinflußt Technik und Wirtschaft, sie bestimmt unser kulturelles Leben und die Politik. Selbst die Wissenschaft von Gott (Theologie) nimmt noch Einfluß auf unseren Glauben. Jene unter uns, die mit der Wissenschaft weniger vertraut geworden sind, verstummen achtungsvoll vor ihr, anstatt ihr Fragen unseres eigensten Lebens vorzutragen. Freilich, eine wissenschaftliche Sprache, die Insider-Kenntnisse eines jeden Vertreters einer bestimmten Disziplin, die gewisse Aura der Auserwählung um jeden Gebildeten, wie sie die Generation unserer Großeltern ihnen verlieh, mag auch auf uns noch Eindruck machen. Diese sonderbare Hochachtung wird oft geradezu erzwungen von der Aussage vieler wissenschaftlich vorgebildeter Fachleute, nur „das Beste" für alte Menschen im Visier zu haben. Kein Wunder, daß auch die Wissenschaften vom alten Menschen überwiegend Expertenwissen einer gehobenen Kaste geblieben sind. Die Unbefangenheit, mit der Laien oft buchstäblich entwaffnende Fragen an die wissenschaftlich Gebildeten stellen könnten, geht oft ins Leere, weil von der Umgebung angenommen wird, daß die „kleinen Leute", wozu in der Meinung der Öffentlichkeit Kinder und Alte gehören, die Zeichen der Zeit nicht verstehen könnten und zur Mitteilung nicht fähig seien.

Vertrauen wir zunächst einmal mehr unserem Hausverstand und geben wir ruhig zu, daß wir ihn als Laien unvoreingenommen gebrauchen sollten. Laien stellen ja meist klare, eindeutige Fragen. Ich verweise auf das aktuelle Thema, das viele Altengruppen heute bewegt, warum Agrarpolitiker in der EG unsere Butter jahrelang lagern lassen, bis sie für den menschlichen Verzehr ungenießbar wird und als Futter für Kälber verschenkt werden muß. Auch scheint der Laienverstand durchaus begriffen zu haben, daß es in vielen

Ländern verhungernde Menschen gibt, deren Exportchancen für landwirtschaftliche Erzeugnisse beschnitten werden durch die reichen Industrieländer, weil diese durch Einfuhrzölle und anderes ihre eigene Landwirtschaft um jeden Preis verteidigen. Da meldet sich der gesunde Menschenverstand ebenso zu Wort wie gegen die Lieferung von Rüstungsgütern in ausländische Spannungsgebiete. Wer solche Fragen stellt, muß sich nicht vorher über Export- und Importstatistiken kümmern oder den Zusammenhang gegenwärtiger Arbeitslosigkeit und der Rüstungsindustrie theoretisch reflektieren. Diesem „Hausverstand" bleibt es völlig unbegreiflich, wieso eine hochentwickelte, technisch bestens ausgestattete Industriegesellschaft den Ehrgeiz ihrer Fachleute nicht dazu verwenden kann, um ihre Erfindungen umzuleiten auf friedlichere Zwecke. Behauptet diese unsere Gesellschaft nicht von sich, beinahe alles zu vermögen? Der Laie muß Fragen stellen, wenn nicht an seinen Grundbedürfnissen vorbei geforscht werden soll. Und der Experte müßte auf einleuchtende Weise die Antwort geben, inwieweit die Erwartungen des Laien in Machbarkeit überführt werden können.

Was läßt sich zur Kompetenz der älteren Frauen anführen? Ins Auge springt zunächst *der geschichtliche Hintergrund,* den sie einbringen. Das sind die vergangenen sechs-, sieben- und vielleicht mehr Jahrzehnte persönlich gelebter Geschichte. Daß sie in entscheidenden Perioden dieses Lebens überwiegend Kriegsgeschichte war, ist nicht ihre Schuld. Die weibliche Hälfte dieser Generation hat ebenso wie der Mann unter den Kriegen gelitten. Den Gatten und Vater ihrer

Kinder hat aber nur sie verloren. Sie hat die Überführung ganzer Familien auf Flucht- und Vertreibungswegen, oft unter unmenschlichen Umständen, mitgemacht. Die Entwicklung dieser Frauengeneration vollzog sich auf dem Hintergrund epochemachender wissenschaftlicher und technischer Entwicklungen! Es gab pädagogische Bewegungen einer neuen Aufklärung („anti-autoritäre Erziehung"). Es gab wechselnde Moden auf dem Gebiet der Kultur. Es gab Perioden des Atheismus und wiedererwachender Fragen nach Glauben und Religion. Dies alles mitgemacht zu haben, gibt eine größere Innenansicht über eine geschichtliche Periode, als sie im Rückblick ein Historiker haben kann, der daran nicht teilnahm. Das subjektive Erleben und die jeweilige Deutung der Geschichte ist ja ein Teil unserer Wirklichkeit. Objektiv feststellbare Tatsachen allein sind es nicht.

Diese Generation hat Lebenserfahrungen. Jede Frau hat nicht nur das Wetterleuchten der Geschichte bis zur Mitte dieses Jahrhunderts erlebt. Sie hat auch ihre einmalige Biografie, die sich aus vielen Daten zusammensetzt. Familienstand, Erziehung, soziale Schicht haben den Bildungsgang, die Berufswahl, die eigene Heirat oder auch die Entscheidung für einen Lebensweg als einzeln lebender Mensch beeinflußt. Das Zusammenleben mit dem Ehepartner und mit Kindern hat gute oder schmerzliche Erfahrungen mit sich gebracht. Nichts ist geblieben, wie es einmal war. Aber auch nichts wird bleiben, wie es heute ist. Denn Lebenserfahrung gewinnen, heißt Wandlungen erfahren und bis in die eigene Körperlichkeit hinein als Stigma tragen. Jede alternde Frau kann ja an sich solche

Wandlungen wahrnehmen, die einen leicht zum Außenseiter im Urteil der anderen stempeln, weil man den Normen der übrigen Gesellschaft (Schönheit, Jugend, Leistung, Durchsetzungsvermögen etc.) nicht mehr oder nur mehr teilweise entspricht. Die Endlichkeit des Daseins, die zur Lebenserfahrung des älteren Menschen gehört, erschreckt die Umwelt bis heute noch immer. Vor solcher Konfrontation weicht sie gerne aus. Das spüren Frauen besonders deutlich.

Zur Lebenserfahrung dieser Generation gehören aber auch vielfache Beziehungen zu Freunden und Freundinnen, zu Nachbarn, zu Vereinen, zu Clubs und Parteien und nicht zuletzt zur kirchlichen Gemeinschaft. Räumliche Nähe, Kenntnis von Sprache und Lebensgewohnheiten der anderen, Zugehörigkeit zur gleichen Schicht, zum gleichen Bekenntnis oder zur ähnlichen politischen Überzeugung sind natürliche Voraussetzungen, wenn sich aus oberflächlichen Beziehungen gegenseitige Hilfeleistung entwickeln soll (von der noch zu sprechen sein wird).

Lebenserfahrung bildet auch den Grundton für das, was die Wissenschaftler *„Daseinstechniken"* nennen: Die Fähigkeit des Menschen, sich mit sich und den Fährnissen und Konflikten des Lebens auseinanderzusetzen, die Notwendigkeit des Sich-Durchsetzens einerseits, des Kompromisse-Schließens, des Aussöhnens und Frieden-Stiftens andererseits.

Frauen haben dazu in den letzten Jahrzehnten mehr und mehr professionelle Fähigkeiten im *Berufsleben* erworben, die wir *Sachkompetenz* nennen. Dabei ist es gleichgültig, auf welcher Ebene, ob in abhängiger oder leitender Stellung, ob in Produktion oder Verteilung oder im kulturellen Leben solche Befähigung erworben wurde. Zum Sachverstand gehört nicht nur die Kenntnis der beruflichen Erfordernisse, sondern auch das kritische Urteil über einschlägige Vorgänge. Beruflicher Sachverstand führt meist auch dazu, daß Techniken der Übermittlung berufseigener Kenntnisse gefunden werden mußten. Damit konnte auch der sprachliche Ausdruck an Wortwahl, an Farbe und Präzision gewinnen. Solche Berufskompetenz, wie sie heute bei vielen Älteren auffällt, wirkt sich auch in der Sicherheit des Auftretens, im gewandteren Umgang mit der Öffentlichkeit, im Mut zur Einflußnahme auf andere deutlich aus und ist eine große Hoffnung für die Zukunft.

Persönliche Fähigkeiten, Lebenserfahrung und berufliche Kompetenz wird sich beim älteren Menschen – und nicht nur bei ihm – ganz besonders in der ehrenamtlichen Arbeit zeigen, wenn er sich dazu entschließen kann. Für die Frauen, die noch im Beruf stehen, müßte heute mehr als früher eine entschiedene Hinwendung zum Ehrenamt erfolgen, weil hier eine ansehnliche „neue Rolle" entstehen könnte, wenn sie in ihre dritte Phase eintreten.

Natürlich läßt sich auch im Alter *Kompetenz noch erweitern*. Gerade das eigene Nachdenken über das Altern macht mich ja zum Experten in Sachen meiner eigenen Generation. Immer wenn Betroffene sich anschicken, ihre eigenen Probleme zum Thema von Beobachtung durch Selbstwahrnehmung, durch Nachdenken und Voraussehen, durch Planen und schließlich Danach-Handeln zu machen, wird die Wissenschaft gelegentlich auch aufgestört. Jedenfalls jene Forschungsarbeit, die den Menschen in seiner Welt zum Gegenstand hat. Es gibt neuerdings auch in der Gerontologie einen Zweig, der sogenannte *„Aktionsforschung“* betreibt. Die von ihrer Situation betroffenen alten Menschen beginnen nämlich selbst nach Ursachen zu fragen und sinnen über Problemlösungen nach. Fachhochschulen für Soziales und andere Hochschulen haben in den letzten Jahren Programme entwickelt, die im Konzept zwar unterschiedlich, aufs Ganze gesehen aber recht interessant zu sein scheinen, weil sie „Betroffene“ als Partner mitforschen lassen.

Das Dortmunder Hochschulprojekt, wo Senioren etwas über sich selbst und ihre Welt lernen können, hat seit seiner Gründung im Jahr 1975 Schule gemacht. Während es sich anfangs häufig um ein lockeres Lehrangebot für die ältere Generation handelte, wie es auch Volkshochschulen und andere Institute der Erwachsenenbildung durchführen, haben manche Hochschulen ein formalisiertes Studienprogramm entwickelt zum besseren Verständnis und zur besseren Nutzung der dritten Lebensphase. Manche dieser Studiengänge erteilen auch Zeugnisse über die – oft mit einem Praktikum in einer Institution verbundene – Weiterbildung ihrer Hörer, die allen Berichten zufolge – wie könnte es auch anders sein! – überwiegend ältere Frauen sind ...

Auf ein besonderes Potential älterer Menschen möchte ich schließlich noch hinweisen. Ich tue das gewissermaßen mit stockender Stimme, weil es sich um etwas schwer Aussagbares handelt, das sich letzten Endes wohl auch nur einem an Gott glaubenden Menschen mitteilen läßt. Ich meine jenes ungeheure Potential, das aufbricht, wo Menschen *Leid* aushalten müssen, körperlich und seelisch. Physische Einbußen und Behinderungen und seelische Verlusterlebnisse können sich bei Älteren im siebten und achten Lebensjahrzehnt häufen. Mehrere Erkrankungen nebeneinander sind keine Seltenheit. Eine davon kann zum Tode führen. Diese alten Menschen wissen, was Leiden heißt.

Ich kenne einige solcher Beispiele. Es sind Frauen mit schweren Depressionen. Vor ihrem ausweglosen Leiden muß ich stumm werden. Vor der erschütternden Gestalt einer dementen Frau, die keinerlei zeitliche und räumliche Orientierung mehr besitzt und selbst die kleinsten Aufgaben der täglichen Lebensbewältigung nicht mehr erbringen kann, bleibt mir nichts anderes übrig, als meine Ohnmacht einzugestehen – in der schwachen, ach so schwachen Hoffnung, daß meine – mit allen Kräften des Herzens ihr geschenkte – Zuwendung wenigstens einen leisen Widerhall in ihr wachruft …

Der schwer erkrankte alte Mensch ist ein Leidender; aber er bleibt ein Mensch. Er kann möglicherweise schon lange mit mir nicht mehr reden. Dennoch lehrt er mich etwas, was in dieser Eindringlichkeit niemand sonst mir je vor Augen stellen konnte: In unserer Welt des wissenschaftlichen und technischen Übermutes, der Machtkämpfe und Rivalitäten, des Leisten-Müssens um jeden Preis sind sie die Unterlegenen, die Versager, die Unausweichliches ertragen müssen, ohne daß sie sich wehren können. Das ist Leiden schlechthin.

Aber Gott verlangt von ihnen keine Leistung mehr. So wie sie sind – so wie *wir* sind – werden wir von Ihm angenommen. Er verlangt nichts mehr als die äußerste Auslieferung an Ihn, denn das gewohnte Uhrwerk ist abgeschaltet, das Nichts-mehr-tun-Können bleibt. Und wenn auch noch das Hören nach innen ausfallen muß, gibt es nur mehr das Da-Sein einer armseligen Kreatur, die das Sterben vorkostet.

Mir scheint, es ist das Größte, was sie geben kann.

Interview

Wenn er kommt, der Besucher,
Der Neugierige und dich fragt,
Dann bekenne ihm, daß du keine Briefmarken
sammelst,
Keine farbigen Aufnahmen machst,
Keine Kakteen züchtest.
Daß du kein Haus hast,
Keinen Fernsehapparat,
Keine Zimmerlinde.
Daß du nicht weißt,
Warum du dich hinsetzt und schreibst,
Unwillig, weil es dir kein Vergnügen macht.
Daß du den Sinn deines Lebens immer noch nicht
Herausgefunden hast, obwohl du schon alt bist.
Daß du geliebt hast, aber unzureichend,
Daß du gekämpft hast, aber mit zaghaften Armen.
Daß du an vielen Orten zuhause warst,
Aber ein Heimatrecht hast an keinem.
Daß du dich nach dem Tode sehnst und ihn
fürchtest.
Daß du kein Beispiel geben kannst als dieses:
Immer noch offen.

Marie Luise Kaschnitz

... auch noch das Ehrenamt?

Eine Freundin (73 Jahre) schreibt mir vor einigen Monaten aus Österreich: „Stell Dir vor, meine Hauptbeschäftigung ist jetzt Stundengeben! Heute hat sich eine Maturantin für Latein angemeldet. Daraufhin habe ich gleich für mich 2 Stunden Tacitus gelesen! (Natürlich mit Lexikonhilfe!) Ich kann ja gar nicht wirklich viel – sag ja auch jedem, daß ich niemals Latein studiert habe – und schwierige Texte bereite ich deshalb gern vor. Ein 15jähriger hat neulich endlich eine Prüfung bestanden, das ist Balsam auf meine wunde Seele ... und ein Bursch, der Maturaschule macht, zahlt auch nichts, trägt mir aber mein Holz dafür aus dem Keller ..." Warum ich dies schreibe? Weil das, was so vergnüglich und spontan aus dem Leben einer 73jährigen Großmutter (beide Kinder leben auswärts) berichtet wird, eines der möglichen Beispiele für ehrenamtliches Tun ist. Freigewähltes, nicht auf einem Arbeitsverhältnis beruhendes, grundsätzlich unentgeltliches Handeln ist sein Wesen.

Es ließen sich viele andere Beispiele ehrenamtlicher Arbeit aufzählen, weil sie viele Bereiche umfassen kann: Es gibt ältere Frauen als ehrenamtliche Fremdenführerinnen und Museumsbetreuerinnen, als Organisatorinnen von Ferien- oder Studienreisen für kleinere Gruppen, als Club- oder Vereinsmitglied mit Leitungs- oder Beratungsfunktionen. Aber am weitesten verbreitet und beliebt ist das soziale Arbeitsfeld. Eine bemerkenswerte Tatsache ist, daß die Mehrzahl der sozial-caritativ engagierten Menschen über 50 Jahre alt ist und überwiegend aus Frauen besteht. Wie kommen sie dazu, sich in ihrem dritten Lebensabschnitt einem Feld zuzuwenden, das seit der Jahrhundertwende mehr und mehr von Hauptamtlichen besetzt wurde? Obwohl der persönliche Dienst von Mensch zu Mensch mehr als 1900 Jahre lang eine Domäne der Ehrenamtlichen war, von den Kirchen, den humanistischen und sozialistischen Kräften gleichermaßen getragen, sogar von Kommunen streckenweise gefördert bzw. sogar in Gemeindesatzungen verankert? Pflege des Kranken in allen Lebensphasen, Sorgen um den Menschen in schwierigen sozialen Lebenssituationen wurde nicht nur zu allen Zeiten mehr den Frauen als den Männern zugeschrieben, es scheint geradezu eine seit Jahrhunderten bestehende Arbeitsteilung zwischen Mann und Frau festzuschreiben. Der diakonische Dienst an anderen – jedenfalls sofern er unmittelbare persönliche Dienste umfaßte – war bisher fast ausschließlich dem weiblichen Geschlecht überlassen. Das wird – hoffentlich – nicht so bleiben!

In den vergangenen Jahrzehnten, besonders aber seit Antritt meiner nachberuflichen Zeit, habe ich viel mit Ehrenamtlichen in Weiterbildungskursen zu tun gehabt. Auf meine Anfragen, warum sie sich diese Tätigkeit ausgesucht hätten, erhielt ich meist ein ganzes Bündel von Antworten. Bei den älteren Frauen hieß es zumeist: „Um das Alleinsein zu überwinden – um über den Tod meines Mannes hinwegzukommen – bei Beendigung meiner Berufszeit begann mir die Decke über den Kopf zu fallen – ich habe jetzt viel mehr Zeit für so etwas – ich habe Spaß daran – mich hat es immer gedrängt, anderen Leuten zu helfen – ich habe schon als Kind Interesse an anderen Menschen und ihren Schicksalen gehabt – jetzt endlich hat mich jemand bei der Hand genommen und mir aufgezeigt, wo ich noch nützlich sein kann – wer anderen etwas Gutes tut, hilft sich selbst am meisten."

Was Frauen tun, ist schier unübersehbar. Es treibt sie nicht nur dazu, persönlich einzelnen hilfesuchenden Menschen beizustehen und praktisch und resolut das aufzugreifen, was an konkreter Not vor ihrer Haustür liegt, sondern sie gehen auch in Heime, arbeiten mit Gruppen Behinderter oder als Anreger von Selbsthilfegruppen zusammen. Sie stellen eine Krankenhaushilfe auf die Beine und arbeiten hier selbständig als Partner des Krankenhauspersonals. Sie fühlen sich selbst als Betroffene und begründen eine Krebskrankenselbsthilfegruppe (dies nur als Beispiel für vieles!). Sie sind selbst Bewohner eines Altenheimes und beantworten im Heimbeirat eine Fülle von Fragen, die zur Gestaltung des Zusammenlebens im Altenheim und zur seelischen Gesunderhaltung der einzelnen wichtig sind. Sie werden hier wie anderswo zu Anwältinnen anderer hilfsbedürftiger Menschen und kämpfen für deren Rechte. Ich erinnere mich in den Zeiten der Stadtrandsanierung in Altstadtvierteln Münchens an alte Frauen, die zusammen mit einem jungen Geistlichen eine Initiative begründet und betrieben haben, deren Stimme von Stadtrat und Verwaltung beachtet wurde.

Ebenso vielfältig wie die Art der Dienste sind auch die Ebenen: Das angestammte Feld für Nachbarschaftshilfe und Besuchsdienste ist die Gemeinde. Darüber hinaus werden bestimmte Sozialaufgaben nur in größerem Rahmen gelöst werden können. Manche Führungsaufgaben in Organisationen und Ausschüssen können auf die Erfahrung von älteren Frauen in ihrer nachberuflichen Zeit nicht verzichten, vor allem dann, wenn sie einmal einschlägige Berufe ausgeübt haben, die jetzt unter dem Blickwinkel ehrenamtlicher Arbeit ihnen ganz neue Einsichten gewähren. „Weißt Du" – sagte mir eine ungefähr gleichaltrige ehemalige Kollegin – „seit ich als Juristin ehrenamtlich einen großen Verein zu vertreten hatte, ist mir die Notwendigkeit, aber auch die Schwierigkeit der Zusammenarbeit von Fachfrauen und Ehrenamtlichen erst richtig aufgegangen." Auf diesen beiden Säulen ruht nämlich die gesamte Sozialarbeit: Profis und Ehrenamtliche sind aufeinander zugeordnet, sie müssen einander gut kennen, müssen sich ergänzen, aber nicht ersetzen. Denn nicht so sehr in der Zielrichtung, wohl aber in den Methoden und im Tempo des Vorgehens können unterschiedliche Ansätze bestehen, die gewürdigt werden müssen.

Vorzug der ehrenamtlichen älteren Frau ist die oft lebenslange räumliche Nähe zu einem Hilfsbedürftigen, die intimere Kenntnis seiner Lebenssituation und Umgangssprache, die Spontaneität und der Einfallsreichtum mancher Helfenden. Unbekümmert um bürokratische Schwierigkeiten finden sie oft Wege der Hilfe, die dem Profi verschlossen bleiben.

Gerade ältere Frauen zeigen oft eine erstaunliche Zivilcourage bei der Durchsetzung von Rechtsansprüchen anderer Menschen. Sie entwickeln Sinn für kommunale oder andere „Sachzwänge" oder erwerben sich einen Blick für weltweite Zusammenhänge (z. B. Mitarbeit bei Amnesty International zwecks Freilassung politischer Gefangener in Diktaturen). Und nicht zuletzt haben sie sich manchmal durch langjährige Zugehörigkeit zu bestimmten Altersgruppen so stark mit deren Zielen und Inhalten identifiziert, daß sie auch Leistungsaufgaben übernahmen.

Ein Mindestmaß an Organisation ist auch auf der kleinsten Ebene vonnöten, wenn nicht Dienst am Nächsten der Zufälligkeit anheimfallen soll!

Nicht nur zum Erfahrungsaustausch, sondern auch zum Zweck der Information und zum Erleben von Gemeinschaft in festlichen Stunden, zur Mitteilung eigener Bedürfnisse und Grenzen ist eine Gruppe für ihre Mitglieder gut. Sie könnte auch, wenn sie als Bildungsgemeinschaft von Frauen attraktiv genug ist, die noch berufstätigen Frauen schon vor ihrem Ausscheiden aus der Arbeit, allein durch ihr Vorhandensein, zum ehrenamtlichen Dienst verlocken. Daß viele Frauen nicht zu solchen ansprechenden Gruppen einen Bezug finden, mag damit zusammenhängen, daß sie niemand „gedungen" hat (wie die biblischen Arbeiter im Weinberg des Herrn!). Manche hörte ich auch sagen: „Ach, Euer Ehrenamt ist ein Faß ohne Boden! Wenn ich bei einer Aktion mitarbeite, vereinnahmt man mich ganz." Das mag stimmen. Caritas endet nie, weil jeder nicht nur Hilfe gibt, sondern meist auch empfängt. Und wenn einer „gesund" geworden ist und der Hilfe nicht mehr bedarf, dann steht mit Sicherheit ein anderer Mensch vor unserer Tür. Denn Menschenleid hört nicht auf, uns herauszufordern. Ein anderes Argument heißt: „Ehrenamtliche Mitarbeit heißt einem Vollerwerbstätigen das Brot wegnehmen. Wir ersparen der Kirche oder dem Staat ja nur die Ausgaben für seine bezahlte Kraft!" Dagegen wäre zu sagen, daß kein Ehrenamtlicher eine bezahlte Kraft verdrängen darf, besonders nicht in Zeiten öffentlicher Arbeitslosigkeit. Die Bundesregierung hat vor einigen Jahren versucht, die Werbetrommel für ehrenamtliche Dienste (vor allem in der Familienpflege) zu rühren. Sie bekam von allen Seiten zu hören, daß die Ehrenamtlichen niemals einen Ersatz für Vollzeitkräfte darstellen wollen und es angesichts ihrer beschränkt verfügbaren Zeit auch gar nicht können. Vor allem für die älteren unter ihnen gilt, daß jeder ehrenamtliche Dienst ihren Kräften, ihrer Neigung, ihren Fähigkeiten und ihren zeitlichen Erwartungen bezüglich der Inanspruchnahme entsprechen muß. Eines Tages kommt für die meisten Ehrenamtlichen die Zeit, wo sich ihre Aufgaben reduzieren müssen, weil ihre physischen Voraussetzungen sich verändert haben oder weil andere Erwartungen an ihr bisheriges Amt gestellt werden. Nicht mehr gefragt ist dann vermutlich ihre Begleitung von jugendlichen „Problemfällen", ihr Vormundschafts- oder Pflegschaftsamt. Aber sie können inzwischen längst in andere Funktionen mit anderen Gruppierungen, z. B. Interessengemeinschaften älterer Leute, hineingewachsen sein.

Und es bleibt ihnen möglicherweise ein Feld offen, das bisher zu wenig als Aufgabengebiet des älteren Menschen gesehen und gewürdigt wurde, die *Beratung* und die *Anwaltsfunktion.*

In seinem Buch über die „Neuen Alten" (Hans Jürgen Schultz, Hsg., Stuttgart 1985) wurde die Frage aufgeworfen, ob es denn eine echte Verbindung von Altern und Politik gebe, die über das hinausgehe, was jeder Staatsbürger mit seinem Stimmzettel entscheiden müsse. Befürwortet wurde die institutionalisierte Mitwirkung von sachkundigen Senioren und Seniorinnen in den Parteien. Politiker seien ja keine Experten einer Sache „an sich", sondern hätten es mit einer Fülle verschiedenster Stoffgebiete zu tun. Daher seien Politiker regelmäßig abhängig von Gutachtergremien, weil die eigene Sachkunde ja nur für ein bestimmtes Teilgebiet ausreiche. Beratungskompetenz erwirbt sich der Fachmann ohnehin erst nach einer längeren Erfahrung im praktischen Leben. Wenn nun die Parteien sachkundige erfahrene Bürger, die aus dem Berufsleben bereits ausgeschieden sind, als Sachverständige außerhalb von Parlamentsausschüssen zur Beratung hinzuziehen würden: was stünde dem entgegen? In Bayern gibt es eine in der Verfassung vorgesehene zweite Kammer, *einen Senat.* Er wird vorwiegend durch mittlere und ältere Vertreter verschiedener Körperschaften repräsentiert. Hier kann Seniorenkompetenz im Sinne von Beratung wirksam werden. Ähnliche politische Gremien sind die *kommunalen Seniorenbeiräte.* Ihre Wirksamkeit beruht auf ihrer Publizität. Sie setzen das besondere Kapital der Lebens- und Arbeitserfahrung älterer (berufener oder gewählter)

Mitbürger und Mitbürgerinnen ein und erzielen nicht nur im Einzelfall, sondern oft auch als Schrittmacher der gesellschaftlichen Anerkennung ihrer Altersgruppe gewisse Erfolge.

Beratung leisten auch der *Seniorendienst der Wirtschaft* und der *Expertenservice für die Dritte Welt.* Ich kenne Frauen, die ihre beste Lebenszeit unter den Bedingungen von Entwicklungsländern verbracht haben, Land und Leute genügend kennen und einen sachkundigen und realistischen Brückenschlag zwischen Kontinenten beitragen können. Sie gingen später wieder als Experten für eine ganz bestimmte Aufgabe in dieses Land zurück.

Es gibt ehemalige Sozialarbeiterinnen und Psychologinnen a. D., die das *Heimpersonal* caritativer Anstalten fallweise beraten. Ehemalige Steuerberaterinnen sitzen in Finanzkommissionen und Vorständen von Vereinen, Stiftungen und Krankenhäusern. Andere verbringen beachtlich viel Zeit als ehrenamtliche Beraterinnen für Kriegsopfer oder Sozialhilfebedürftige in einer Pfarrei. Wieder andere sind gefragt als Konsumberaterinnen für bestimmte Verbrauchergruppen, z. B. Hausfrauen.

Im Laufe zahlreicher Begegnungen mit Gruppen älterer Frauen ist mir immer deutlicher geworden, welch sinnvollen Umgang mit der gewonnenen Lebenszeit das Ehrenamt erschließen kann. Gewonnene Jahre können als Last oder als Geschenk gewertet werden. Das hängt ganz vom einzelnen Menschen und seiner nächsten Umgebung ab. Auch eine ältere Frau könnte es sich gestatten, diese Jahre der späten Freiheit für ihre eigenen privaten Bedürfnisse allein zu nutzen. Sie kann sich ausschließlich mit ihrer Gesundheitspflege beschäftigen oder mit ihrer Weiterbildung durch Reisen. Sie kann vielen Neigungen nachgehen. Niemand zwingt sie zu einer Tätigkeit im Dienst an einer Gemeinschaft.

Aber in bestimmten Frauenkreisen – gerade dort, wo man es oft am wenigsten vermutet hätte – wächst die Freude und die Genugtuung an erbrachten sozialen Diensten. Sie sind gekoppelt an die Einsicht, daß eigenes Dasein und das Schicksal anderer Menschen wechselseitig miteinander verbunden ist. Tätiges Engagement durch Teilen der Zeit, die wir Älteren jetzt reichlicher zur Verfügung haben könnten als in früheren Jahren, ist unsere Form gelebter Solidarität. Sie ist übrigens Voraussetzung für jedes Gemeinwesen, das nicht in bürokratischen Strukturen erstarren will.

Die Bundesrepublik gehört heute zu den reichsten Ländern dieser Welt. Es wird nicht verwundern, wenn auch ältere Bewohner dieses Landes größere Erwartungen an Wohlstand und Bequemlichkeit für ihr Leben haben, als ihre eigenen Eltern und Großeltern sie hegen konnten. Sie können sich materiell mehr leisten als ihre Vorfahren.

Dabei sollten wir aber zwei wichtige Erinnerungen nicht aus dem Auge verlieren:

1. Es gibt heute viele Frauen, die *heute* gegenüber vielen anderen Frauen in der Bundesrepublik privilegiert sind, deren wohnliche und soziale Versorgung äußerst dürftig ist und denen Berufserfahrungen fehlen, so daß sie sich selbst nicht zu ihrem Recht verhelfen können. Es sind vielfach Alleinstehende, Witwen, die geplagt werden von vielen Ängsten ums pure Überle-

ben. Sie möchten ihre Armut nicht einmal nach außen erkennbar machen, weil sie sich schämen. Sie gehen mit ihrer Bedürftigkeit nicht auf die Straße; man muß sie schon aufsuchen. Es ist anscheinend ein weltweites Phänomen, daß die Armut weiblich ist. Frauen im ehrenamtlichen sozialen Dienst haben die große Chance, hier ihren weniger privilegierten Schwestern zu begegnen.

2. Wenn auch unser Land in vollem Umfang die schon anderswo sichtbar werdende Wachstumskrise trifft, dann wird mit Sicherheit allen, die heute noch relativ unbeschwert über ihr Einkommen verfügen können, eine Einbuße auferlegt werden. Nicht nur der Kreis der heutigen Arbeitenden wird „draufzahlen", der sich bis jetzt durch den sogenannten Generationenvertrag gebunden wußte. Auch die Rentner werden mittragen müssen. Politiker, die solches auch nur andeuten, werden als mißgünstig verschrien oder sogar beschimpft. Wichtig ist es aber, sich die Lage einmal bewußt zu machen.

Unser persönliches Engagement für den Nächsten im Zusammenhang mit globaler Politik zu sehen, ist vielen unter uns etwas Neues, Befremdliches. Mag sein, daß in der Vergangenheit der ehrenamtliche soziale Dienst zu sehr als Ausfluß persönlicher Überzeugung gesehen und gepredigt wurde, und nicht als wichtige Gemeinschaftsaufgabe oder als Ausdruck von Solidarität.

Aber heute kann sich wohl kaum eine Frau mehr dem Appell der Medien ganz entziehen, die weltweite Zusammenhänge zwischen Privatverhalten und Politik aufdecken. Es ist wahrlich nicht die Tugend der

Christen allein, die sich auf den Weg zur Begegnung mit dem Nächsten begibt. Aber für viele Christen gehören wieder Glaube, Hoffnung und Liebe untrennbar zusammen. Sie bilden eine herausfordernde Einheit.

Wie wenig nütze ich bin

Wie wenig nütze ich bin,
ich hebe den Finger und hinterlasse
nicht den kleinsten Strich
in der Luft.
Die Zeit verwischt mein Gesicht,
sie hat schon begonnen.
Hinter meinen Schritten im Staub
wäscht Regen die Straße blank
wie eine Hausfrau.
Ich war hier. Ich gehe vorüber
ohne Spur.
Die Ulmen am Weg
winken mir zu wie ich komme,
grün blau goldener Gruß,
und vergessen mich,
eh ich vorbei bin.
Ich gehe vorüber –
aber ich lasse vielleicht
den kleinen Ton meiner Stimme,
mein Lachen und meine Tränen
und auch den Gruß der Bäume im Abend
auf einem Stückchen Papier.
Und im Vorbeigehn,
ganz absichtslos,
zünde ich die ein oder andere
Laterne an
in den Herzen am Wegrand.

Hilde Domin

Angst vor dem Altersheim?

Vor einigen Jahren begann ich in Arbeitskreisen älterer Menschen die Bitte zu äußern, man möge mir doch eigene Visionen von einem „guten" Altersheim in Stichworten entweder aufzeichnen oder die Einfälle mündlich wie Bälle einander zuwerfen. Unter welchen Umständen braucht der alte Mensch überhaupt eine Heimunterkunft? Kann man darauf nicht überhaupt verzichten? Was wünsche ich mir von einem Altersheim, falls ich dorthin ziehen sollte? Das ist für die meisten zunächst nur ein Spiel. Ein Gedankenspiel.

Vor einigen Tagen begann ich zufällig im Gespräch mit einer Freundin das gleiche. „Ich? – In ein Altersheim?" Die 72jährige, großgewachsen, aktiv und gastfreundlich, wehrt entsetzt ab. „Nie! – Ich kann mich weder von meiner Stadt trennen noch von diesen meinen drei wunderschönen hohen Räumen, die doch schon meine Großmama bewohnt hat! Jedes Möbelstück hat hier doch seine Familiengeschichte. Du kennst das ja! Du weißt um meine vielen Interessen. Und ich Individualistin soll in ein Kollektiv ziehen?" Ich wende ein: „Aber wenn du nun einmal ernsthaft und lange krank bist und dann aus deinem Spital entlassen wirst – was dann? Denk doch an deine ältere Schwester, der das vor einigen Jahren passierte, die dann schwach und zerbrechlich nach Hause kam. Du hast keine freundliche Nachbarin wie sie, die deine Schwester zwei Mal täglich aufsuchte und nach ihren Wünschen fragte! Was wirst du dann tun, weit entfernt von den Kindern, in deiner Traumwohnung drei Treppen hoch?" Sie kann sich so etwas einfach nicht vorstellen. Zur Tochter würde sie niemals ziehen, da diese berufstätig ist und allein lebt. Außerdem sei die „zur Pflege absolut ungeeignet, bei aller Liebe!"

Wir reden davon, daß die Bewohner eines Altersheims heute schon rund 80 Jahre bei ihrem Eintritt sind, also wesentlich älter als früher. Dadurch habe sich auch das Gesicht vieler Heime verändert. Heute schätzen ältere Menschen, insbesondere Frauen, ein Leben in den eigenen vier Wänden so lange es geht. Sie werden darin bestärkt durch ein modernes Netz von Sozialstationen, die ambulante Pflege für einige Stunden am Tag bieten. Weiterhin wird der Trend zur selbständigen Lebensführung unterstützt durch die Sozialpolitik einzelner Länder, die ein breitgefächertes Angebot sonstiger Dienstleistungen unterhalten, wie z. B. Essen auf Rädern, Telefonketten, mobile Hilfsdienste (wie Transporte zum Arzt, zu Gemeinschaftsveranstaltungen), die Säuberung von Wohnungen, Ausfahrten für Rollstuhlfahrer usw. Auch Geriatrische Tageskliniken gibt es bereits in einigen Großstädten.

Da erinnert sich meine Freundin plötzlich einer alten Dame, die tatsächlich in einem Altersheim dieser Stadt überaus glücklich gewesen sei. Nach 40 Jahren Ausland mit über 60 Jahren heimgekehrt in ihre Heimat, habe sie zu ihrer größten Überraschung ihre alten Bekannten von diesem Umzug sofort per Anzeige alle unterrichtet: „Früh übt sich, wer alt werden will", hieß ihre Mitteilung. Sie habe sich dank ihrer fabelhaften Anpassungsfähigkeit an die verschiedensten Lebensumstände, die sie mit ihrem Mann seinerzeit durchgemacht hat, sehr rasch unter den anderen Bewohnern heimisch gefühlt und sei im ganzen Haus wegen ihrer erfrischenden Unkompliziertheit sehr beliebt gewesen. Mit ihr, der Freundin, habe sie viele Jahre ein Konzertabonnement bezogen und, wenn ihr abends der Heimweg zu schwer fiel, habe sie auch auf dem Sofa übernachtet.

Ich wiederum erzählte ihr von einem alten Bekannten, der nach Aufgabe der ärztlichen Praxis mit seiner Frau aus meiner Stadt wegzog in ein ländliches Altersheim, ganz in der Nähe des Sohnes und seiner Familie. Nach dem Tod seiner Frau habe anläßlich eines Sommerfests im Heim dem damals 77jährigen eine nette alte Dame gesagt: „Herr X., Sie sind noch zu jung für unser Heim!" Das hat ihn damals stutzig gemacht. Und als einige Monate später seine Eigentumswohnung in der geliebten alten Stadt wieder frei wurde, zog er mit Sack und Pack zurück. Jetzt versorgt er sich mit Hilfe einer Stundenhilfe, notfalls auch der Pflegestation im Krankheitsfall, so gut es geht. Aber er ist glücklich. Was beweist, daß Altersheime in bestimmten Fällen sogar eine Durchgangsstation sein können.

Wir konnten das Spiel an diesem Abend nicht zu Ende führen. Die Beispiele einer positiven Anpassung an einen krass sich vollziehenden Wechsel der Umgebung können auch nicht verallgemeinert werden. Zuviel hängt ab von der vorausgegangenen Art persönlicher Lebensbewältigung, von Intelligenz, früh erlernter Interessenpflege, Gesundheitszustand und bisher vorhandenen Beziehungen. Die häufig beklagte Interesselosigkeit und Passivität vieler Altenheimbewohner beruht ja zum großen Teil auf solchen persönlichen Voraussetzungen, die nicht vergessen werden dürfen. Negativbilder über „das" Altenheim, wie sie in der Vergangenheit die Medien häufig aufzeichneten, haben auf das allgemeine Urteil stark abgefärbt. „Öder Alltag" – „kalte Routine der Mitarbeiter" – „Gewaltausübung gegen alte Menschen" – „Verlust jeder persönlichen Freiheit durch kleinkarierte Regelungen" – „totale Versorgung statt Selbstbestätigung" sind solche gefährlichen Schlagworte, die Antistimmungen erzeugen und Verbitterung bei den Mitarbeitern in den Heimen auslösen. Wer im Verlauf mehrerer Jahrzehnte zahlreiche Altersheime innen und außen kennen- und unterscheiden lernte, weiß den Wandel zu schätzen, der sich dank der Erkenntnisse unserer Altersforschung in unseren Altersheimen vollzogen hat. Er hat aber auch erfahren, daß Heimgesetze zwar zu einer verbesserten Sach- und Personalausstattung führen und die Verpflichtung des Rechts auf Mitsprache der Bewohner festschreiben. Sie können aber eine größere Aktivität und ein echtes Selbstvertrauen der Bewohner nicht garantieren, obwohl große Anstrengungen gemacht werden, diese anzuregen. Denn nicht jeder Neuling bringt solche Eigenschaften bereits mit.

Ich komme auf mein altes Spiel zurück. Ich antizipiere meine Zukunft für den Fall, daß ich pflegebedürftig werde und die eigene Familie zu meiner Unterstützung aus irgend einem Grund ausfallen muß.

Welchen Heimtypus würde ich brauchen?

Es gibt ja nicht nur qualitätsverschiedene Altenheime, sondern auch solche für eine jeweils verschiedene Alterssituation. Es gibt Altenheime, die aus mehreren in sich abgeschlossenen Wohnungen bestehen, meist aber zusätzlich einige Dienstleistungen wie Speisesaal und Pflege bei Krankheit anbieten. Es gibt die traditionelle Form: meist Einzelzimmer zum Schlafen und Wohnen und Räume für gewisse Gemeinschaftsveranstaltungen wie Mahlzeiten, Freizeit- und Gesundheitspflege, die Kultur und Teilnahme am Leben außerhalb des Heims Raum geben. Und es gibt reine Pflegeheime, in denen medizinisch-therapeutische Gesichtspunkte und Krankenpflege die bestimmende Rolle spielen. Auch Mischformen dieser drei Heimtypen kommen vor. Ich muß überlegen, was meinem Gesundheitszustand am meisten gerecht wird (besonders bei der rechtzeitigen Suche nach einem Pflegeheim ist der ärztliche Rat unerläßlich). Ich muß vom Fall meiner Behinderung ausgehen und die Bequemlichkeit der künftigen Wohnung prüfen. Das Heim muß meinen Einkommensverhältnissen entsprechen. Es gibt teure, aber auch preiswerte Häuser: private Heime oder solche der Wohlfahrtsverbände oder Gemeinden. Der Verbleib in einer Pflegeabteilung gleicht mehr dem eines Krankenhauses: er ist personalaufwendiger und deshalb teurer als ein Altersheim. Manche Frau mit kleiner Rente sieht sich daher genötigt, die Sozialhilfe zusätzlich in Anspruch zu nehmen. Das ist ein Notstand, der die Politiker in unserem Land aufs höchste beunruhigen sollte und zu einer alsbaldigen Lösung der schon lang ausstehenden

Regelung des Pflegefallrisikos führen müßte. Pflegebedürftigkeit *muß* zwar nicht alle Menschen treffen – aber sie *kann* es.

Was für ein Heim ich mir wünsche?

Ich wünsche mir ein Haus mit viel Grün – aber nicht in einem abgelegenen Park weit draußen vor der Stadt! Ich möchte noch ein wenig Verbindung behalten mit dem pulsierenden Leben eines nahen Ortes; ans Verkehrsnetz angeschlossen; für meine Besucher gut erreichbar; die Chance zu einem kleinen Bummel bietend (wenn ich das mit Begleitung noch schaffe). Ich möchte gern einen Balkon mit selbstgewählten leuchtenden Blumen vor dem Fenster haben. (In einem mir bekannten Heim im Bungalowstil hatten alle Frauen, die das wollten, ein kleines Beet unmittelbar vor ihrer Terrassen-Tür!)

Ich wünsche mir ein Zimmer, groß genug, um später einmal ein Krankenbett, zur bequemeren Arbeit für meine Pflegerin, darin unterzubringen. Und natürlich ein paar Möbelstücke von daheim. Ich verspreche schon jetzt, den dreitürigen Schrank von Tante Sofie und den Ausziehtisch aus dem Eßzimmer nicht mitzubringen, wohl aber ein oder zwei Dinge, an deren Schönheit und Erinnerungswert ich auch morgen noch Freude haben werde.

Ich wünsche mir ein eigenes WC und eine Dusche, denn für die Badewanne werde ich später wahrscheinlich ohnehin Hilfe benötigen. Auch eine kleine Teeküche in Zimmernähe würde ich schätzen, mit Einbauschrank für ein Minimum an Geschirr – und einem kleinen Eisschrank. Ich wünsche mir auf jeden

Fall einen eigenen Hausschlüssel, damit ich kommen und gehen kann, wann ich will. (Ob aber dann die Heimleitung mit der Ersatzbeschaffung von Schlüsseln überhaupt nachkommt, wenn alle Heimbewohner ähnlich wie ich „verlieren – vergessen – verlegen"? Natürlich sind solche Schlüssel Symbole der Freiheit schlechthin! Doch bleibt davon unberührt die Aufsichtspflicht des Heims für desorientierte alte Menschen. In diesem Fall wäre dann eben doch eine Pfortenschleuse dem Wohl solcher Mitbewohner dienlich, die sonst nicht mehr nach Hause finden würden. Wie schnell kann die sogenannte „rüstige" Heimbewohnerin über Nacht zur Patientin werden, die dann des Schutzes und der Hilfe bedarf!)

Es sollte eine Cafeteria im Haus sein, damit ich ab und zu meine Besucher auch bewirten kann und dafür genügend Platz und eine gemütliche Ecke finde.

Ich möchte in meinem Altenheim ein paar freundliche Hausgeister, möglichst auch einige jüngere Gesichter darunter, die sich nicht gleich aufregen, wenn ein Bewohner sich in der Türe verirrt oder ihm sonst ein Malheur passiert. Ich wünsche mir dazu auf meinem Stockwerk eine gute Altenpflegerin, zu der ich Vertrauen haben kann, wenn ich sie um so manche kleinen oder größeren Handreichungen bitten muß, falls ich bettlägerig werde. (Ach, wieviel werde ich noch lernen müssen!) Freundlich sein heißt nicht: betulich sein! Oft soll sie an meiner Tür einfach vorübergehen. Aber wenn sie meine Gewohnheiten genügend lang kennt, wird sie genau wissen, wann ich sie brauche.

Ich wünsche mir eine Kapelle im Haus oder in der

Nähe eine Kirche, denn es würde mir sehr schwerfallen, Sonntag für Sonntag nur per Fernsehen an der Liturgie meiner Kirche teilnehmen zu können.

Schwarze Tage – kranke Tage werden die Zeiten sein, wo ich im Heim mir einen Seelsorger in der Nähe wünsche. Ich bin realistisch genug, mir heute keinen Priester mehr dafür zu erwarten, weil ihr Mangel allzu offenkundig ist. Aber ich bin zuversichtlich, daß künftig die noch in Heimen tätigen Klosterfrauen und ausgebildete Laien mit der besonderen Verantwortung für pastorale Dienste im Heim ausgerüstet werden. Von solchen Menschen wünsche ich mir nicht nur das Anzünden der Sterbekerze in der letzten Stunde, sondern vorher die Krankensalbung. Und am Ende das Bei-mir-Bleiben.

Für meine Besucher, gleich welcher Natur sie seien, kann ich keine Besucherregelung vertragen, sie sollen kommen dürfen, wann sie Zeit haben. Natürlich werde ich für meine Verbindungen nach draußen ein Telefon und an der Tür einen Briefkasten benötigen. Ich möchte unter allen Umständen den Namen tragen, der mir gehört, und nicht mit irgend einer lächerlichen Anrede beglückt werden, die vielleicht zu mir überhaupt nicht paßt.

Ich wünsche mir ... ich möchte ... Die Liste der Visionen vom guten Altersheim ist bei mir sehr lang geworden. Daraus ist erkennbar, wie wichtig es wird, sich sorgfältig und rechtzeitig umzusehen nach dem Altersheim, das zu den eigenen Bedürfnissen, dem Geldbeutel, dem Gesundheitszustand und auch den bisherigen Lebensgewohnheiten paßt. Bei der Beschaffung von Prospekten können die Sozialämter und die

Wohlfahrtsorganisationen helfen. Ratsam wäre, sich vor einer Anmeldung mehrere Häuser anzusehen. Auch „Probewohnen" auf eine Woche oder zwei kann nur empfohlen werden, um den richtigen Entschluß reifen zu lassen. Die letzte Entscheidung sollte ich noch selbst treffen, solange Zeit ist. Grundsätzlich steht mir das Wahlrecht für ein bestimmtes Heim zu. Es ergeben sich aber manchmal Einschränkungen, wenn öffentliche Mittel in Anspruch genommen werden müssen, weil die eigene Rente nicht ausreicht.

Es ist keine gute Alternative, leichthin zu sagen, Altersheime müsse man entweder erleiden oder sie ganz meiden. Noch können sie nicht völlig entbehrt werden.

Ob Frau oder Mann: niemand kann wissen, ob er nicht eines Tages aufs Heim angewiesen sein wird, weil trotz bisheriger Selbstbehauptung aus eigener Kraft eines Tages kein menschenwürdiges Leben mehr möglich ist, ohne fremde Hilfe in Anspruch zu nehmen.

Fremde Hilfe: das könnte unter Umständen auch die eigene Familie sein. Wenn heute ungefähr ¾ der pflegebedürftigen alten Menschen von Frauen in der Familie versorgt werden – nämlich den Ehefrauen, Töchtern bzw. Schwiegertöchtern – so spricht dies nicht nur gegen die immer wieder gehörte Annahme, daß Familien nichts Eiligeres zu tun hätten, als sich ihrer alten Leute so rasch als möglich zu entledigen, um sie „abzuschieben" ins Altersheim. Natürlich erleichtert räumliche Nähe, unter Umständen sogar im gleichen Haushalt, eine solche Pflege. Aber es ist auch erwiesen, daß gerade die Generation der 40- bis

70jährigen unter den Frauen durch eine solche Aufgabe familiärer Solidarität besonders herausgefordert ist: zu einer Zeit nämlich, wo sie einerseits selbst noch mit Kindern und Enkeln beschäftigt ist, andererseits des eigenen Alters wegen etwas Rücksicht erwarten könnte. Gerade bei alten Ehepartnern wird das Versprechen, in guten und bösen Tagen treu beieinander auszuharren, infolge der Pflegebedürftigkeit eines Gatten oft sehr realistisch eingefordert. Untersuchungen haben ergeben, daß es bei länger dauernder Krankheit immer wieder die Frau ist, welche ihre letzten Kräfte anstrengt, weil ältere Männer nicht so leicht bereit oder geschickt sind, in krisenhaften Fällen auch die einfachen Verrichtungen eines Haushalts auf sich zu nehmen, geschweige denn pflegerische Tätigkeiten. Pflegende weibliche Angehörige der mittleren Generation können häufig gerade wegen dieser Aufgaben keinen Beruf aufnehmen oder müssen ihn unterbrechen. Somit unterbleibt für sie die soziale Absicherung für das eigene Alter, wenn nicht Geschwistersolidarität eine solche übernimmt. Auch dafür gibt es gute Beispiele.

Insgesamt muß aber festgehalten werden, daß die Belastungen der Familienangehörigen durch Pflege ihre engen Grenzen haben. Sie liegen zum Teil in der Instabilität der heutigen Familienstruktur. Zum Teil ergeben sie sich aus der Beobachtung, daß wochen- oder gar jahrelange Versorgung von pflegebedürftigen Angehörigen – oft mehr als 6 Stunden täglich, mit unterbrochener Nachtruhe, häufig verkürztem Urlaub, ohne wesentliche Ablösung am Wochenende – physisch und psychisch nur unter größten Anstrengungen leistbar ist. Es liegt nahe zu fragen: Wer hilft dann meinen pflegenden Kindern?

Abhängigkeit von anderen Menschen, Angewiesenheit auf Verständnis und Hilfe anderer scheint uns heutigen Menschen sehr schwer erträglich. Sieht die Betroffene aber auf ihr bisheriges Leben zurück, so erinnert sie sich, daß die Situation des Ausgeliefertseins an unbekannte Situationen und (zunächst) fremde Menschen sich oftmals begeben hat und bewältigt wurde. Abhängigkeit und Unabhängigkeit wechseln sich ab im Leben. Und oft ist der scheinbar Abhängige im Grunde ruhend in sich selbst, während der scheinbar Unabhängige unruhig um sich selbst kreist. Niemandem zu Dank verpflichtet – aber auch von niemand bedankt.

Erfahrung

Schwimmen das
lernte ich
als ich einmal
ins Wasser fiel

Seitdem kann ich es
ich kann es
nie wieder lernen

Nie mehr untergehen und
Auftrieb bekommen

Ich weiß Bescheid
wie ich mich
leicht machen muß
leichter als meine Angst

Eva Zeller

„Schlage die Trommel und fürchte dich nicht!"

Die Trommel zu rühren ist nicht nur altmodischen Kriegsfällen vorbehalten gewesen. Und nicht nur Soldaten haben sie geschlagen. Auch die stumme Tochter der Mutter Courage gab ein Signal, wie in Bert Brechts Theaterstück aus dem Dreißigjährigen Krieg unmißverständlich angedeutet wird.

Manchmal werden wir beim Lesen zeitgenössischer Autobiographien von der Intensität solcher Signale, welche Menschen in unserer Welt setzen, erschüttert. Sie können auch blitzartig Situationen erhellen, die das eigene Leben ausmachten. So ging es mir beim Lesen der Lebenserinnerungen zweier so ungleicher Menschen wie Tisa v. d. Schulenburg (geb. 1906) und Maria Gräfin v. Maltzahn (geb. 1909). Letztere hat ihre Biographie mit dem etwas ungewöhnlichen Titel „Schlage die Trommel und fürchte dich nicht" versehen, den ich diesem Kapitel voranstellte. Die eine wurde Bildhauerin und Klosterfrau mit einem höchst ungewöhnlichen Lebensschicksal; die andere übt den Beruf der Tierärztin aus. Bei aller Verschiedenheit im Persönlichen verblüfft mich bei beiden Frauen ihr außerordentliches politisches Engagement. Bei der Gräfin Maltzahn sind es die todeskühnen Bemühungen der Fluchthilfe und des Versteckens jüdischer Menschen im Dritten Reich. Bei der Gräfin Schulenburg (und heutigen Sr. Paula) die Leidenschaft für ihre „dunklen Brüder" in den Gruben Englands und des Ruhrgebiets, für deren Lebensansprüche sie mit den Mitteln ihrer Kunst eintrat.

In der Fachsprache der Sozialarbeit wird heute mehr als früher von einer Anwaltsfunktion der beruflichen Helfer gesprochen, die mit bestimmten Menschengruppen zu tun haben. Sie haben die Sache einer Klientel zu führen, die aus bestimmten Gründen sich selbst nicht – oder nicht in der zugelassenen Form – vor einem Gremium von Sachverständigen vertreten kann. Ein Anwalt muß die Bedürfnisse und Zielvorstellungen seiner Klienten kennen und sich zu eigen machen. Solche „Anwälte" der Schwachen ihres jeweiligen Lebensumfeldes waren die beiden Frauen, deren Lebensgeschichte mich so beeindruckt hatte.

Sind die obengenannten Lebenszeugnisse zweier Frauen unserer Zeit einsame Ausnahmen? Oder kommt die Funktion des Anwalts für solche, die keine Stimme haben, in den Interessen heutiger Frauen überhaupt nicht mehr vor? Ich denke daran, wie oft ich der Meinung von Gleichaltrigen begegnet bin, daß persönliches Engagement für den Nächsten nicht im Zusammenhang mit Politik gesehen werden dürfe. Nächstenliebe habe mit einer Veränderung gesellschaftlicher Bedingungen nichts zu tun, das möge Sache anderer Gestaltungskräfte sein.

Freilich gehört Courage dazu, um für eine fremde Sache einzutreten und nicht nur für das eigene Interesse. In Flüchtlingslagern habe ich manchmal lebens- und leiderfahrene Frauen mit erheblichem Freimut angetroffen, die sich buchstäblich „zur Stimme" machten für jene schüchternen, ungewandten, alleinstehenden alten Leute, die es noch schwerer hatten als sie selbst. Sie haben geredet und geredet, haben sie von Instanz zu Instanz begleitet und mit Hartnäkkigkeit deren Ziel erreicht. – Ich denke an die vielen Mitarbeiterinnen bei Amnesty International. Deren auf viele Schultern verteilte Strategie besteht bekanntlich in der Forderung nach Freilassung politisch Inhaftierter in Diktaturen. Briefe mit der Bitte um Freilassung sind da zu formulieren, abzuschicken, auf ihre Wirkung hin zu überprüfen und auszuwerten. Der Blick für weltweite Zusammenhänge öffnet sich. Diese Arbeit läßt das Verständnis dafür wachsen, daß Gerechtigkeit unteilbar ist. – Es wären noch mehr Beispiele zu nennen: die Gruppen auf der Ebene von Pfarrgemeinden, die als Anwalt der schwächeren, auch fremden Menschen, Öffentlichkeitsarbeit leisten. Oder die Selbsthilfebewegung, die von den jeweils Betroffenen selbst ausgeht, die sich gegenseitig aus ihren eigenen Erfahrungen heraus Hilfe zur Bewältigung des jeweiligen Problems leisten. Die gesamte Sozialgeschichte bietet viele Beispiele dafür, wie es zu einer Bewußtseinsänderung in Gruppen kommt, die dann neue (politische) Lösungen vorbereiten hilft.

Inwieweit will der ältere Mensch heute sein Schicksal selbst in die Hand nehmen? Inwieweit möchte er seine Umwelt gemeinsam mit anderen und trotz mancher Begrenzungen in seinem dritten Lebensabschnitt selbst beeinflussen? Was möchte er für seine gleichaltrigen Zeitgenossen besser, menschenwürdiger, sinnvoller gestaltet wissen?

Frauen kann man überall in den genannten Bereichen finden. In der Selbsthilfebewegung spielen sie eine führende Rolle. Bei den Schutzbünden für Senioren kann man sie finden, bei den kommunalen Seniorenbeiräten, beim Kongreß der älteren Generation.

Die Auseinandersetzung mit der Situation des Altwerdens muß bei den Betroffenen eingesetzt haben, ehe sich ihre Welt verändern kann. Frauengruppen in unserem Land haben vielerorts die Chance, sich intensiv mit ihrem eigenen Altwerden vertraut zu machen. Wenn eine solche Selbsterfahrung in Frauengruppen redlich geschieht, werden sich Veränderungsmöglichkeiten entdecken lassen. Vorstellungen vom eigenen Ich im Zusammenhang mit den beobachtbaren Veränderungen im körperlichen Bereich können sich entwickeln, die zunehmend genauer werden und weniger der Selbsttäuschung unterliegen. Ichfindung berührt ganz entschieden auch alles, was wir Umwelt nennen. Das heißt für die Frau, daß die Reflexion über das eigene Altwerden in einer bestimmten Situation und innerhalb einer bestimmten Kultur weiterführen kann zur Konzentration auf die Frage, wie eine Welt aussehen müßte, in der alle Menschen bis zu ihrem Tode sinnvoll leben können.

„Schlage die Trommel!" Klingt das nicht doch zu martialisch für die ältere Frau?

Ich glaube nicht, daß eine große politische Altenbewegung außerhalb der bereits bestehenden Institutionen uns weiterhelfen könnte. Wohl aber scheint mir, daß durch die intensive Weise, mit der heute schon manche Frauengruppen über sich selbst nachdenken, auch ein möglicher Weg für ein glückliches Alter beschritten wird.

Und wäre dies nicht wieder einmal ein Anfang für eine gemeinsame Suchbewegung in Richtung auf eine gerechtere und liebevollere Welt, das „Kommen des Reiches Gottes"?

Chance

Zum Berg gehn
den Fels herausreißen
aus seiner Lethargie
ihm Flügel zusprechen

Steh auf
aus dem Staub
wirf dein Gewicht
in die Wolken

Diese Chance
gibt dir das Wort
diese Chance
jetzt

Rose Ausländer

Quellenverzeichnis für die Gedichte

S. 26: Rose Ausländer, Weißes Haar, aus: *Mein Venedig versinkt nicht*
© 1982 S. Fischer Verlag, Frankfurt a. Main

S. 37: Karin Kiwus, So oder so, aus: Angenommen später
© Suhrkamp Verlag, Frankfurt a.M. 1970

S. 48: Hilde Domin, Es knospt, aus: *Nur eine Rose als Stütze*
© 1959 S. Fischer Verlag, Frankfurt a. Main

S. 58: Ruth Schaumann, Einem Kinde
© Dr. Andreas Fuchs, München

S. 64: Hilde Domin, Nicht müde werden, aus: *Nur eine Rose als Stütze,* a. a. O.

S. 72: Marie Luise Kaschnitz, Dies immer noch, aus: Marie Luise Kaschnitz, Kein Zauberspruch
© Insel Verlag, Frankfurt a. Main 1972

S. 83: Hilde Domin, Ziehende Landschaft, aus: *Nur eine Rose als Stütze,* a. a. O.

S. 96: Hilde Domin, Tunnel, aus: *Nur eine Rose als Stütze,* a. a. O.

S. 104: Marie Luise Kaschnitz, Nicht mutig, aus: Kein Zauberspruch, a. a. O.

S. 115: Marie Luise Kaschnitz, Blätter, aus: Kein Zauberspruch, a. a. O.

S. 123: Rose Ausländer, Teilhaben, aus: *Mein Venedig versinkt nicht,* a. a. O.

S. 136: Marie Luise Kaschnitz, Interview, aus: Marie Luise Kaschnitz, Dein Schweigen, meine Stimme, Claassen Verlag, Düsseldorf [2]1970 S. 57

S. 148: Hilde Domin, Wie wenig nütze ich bin, aus: *Nur eine Rose als Stütze,* a. a. O.

S. 160: Eva Zeller, Erfahrung, aus: Eva Zeller, Auf dem Wasser gehn,
© 1979 Deutsche Verlags-Anstalt, Stuttgart

S. 166: Rose Ausländer, Chance, aus: *Mein Venedig versinkt nicht,* a. a. O.

Die Reihe *frauenforum*

Frauen entdecken die Bibel
Herausgegeben von Karin Walter
3. Auflage, 200 Seiten, Paperback. ISBN 3-451-20789-3

Karl Mittlinger
Du bist eine von uns
Mit einem Nachwort von Marianne und Walter Dirks
64 Seiten, gebunden. ISBN 3-451-20929-2

Ernst Gutting
Offensive gegen den Patriarchalismus
Für eine menschlichere Welt
176 Seiten, Paperback. ISBN 3-451-20931-4

Anneliese Lissner
Du läßt Dich finden in uns selbst
Mit neuen Worten beten
144 Seiten, zweifarbig, gebunden mit Leseband.
ISBN 3-451-21018-5

Marina Schnurre / Renate Kreibich-Fischer
Ich will fliegen, leben, tanzen
Zwei Frauen arbeiten mit Krebskranken
168 Seiten, Paperback. ISBN 3-451-20932-2

Herder Freiburg · Basel · Wien